LE CHEVALIER BAYARD,

COMEDIE-HEROIQUE

LE CHEVALIER BAYARD,

COMEDIE HEROÏQUE

Par M. AUTREAU.

A PARIS;

Chez BRIASSON, Libraire, ruë S. Jacques,
à la Science & à l'Ange Gardien.

M. DCC. XLI.

Avec Approbation & Privilege du Roi.

ACTEURS.

LE CHEVALIER BAYARD, *Lieutenant General pour le Roi au Gouvernement du Dauphiné.*

LE SEIGNEUR MARC , *Noble de Terreferme dans l'Etat de Venise.*

LA SIGNORA MARC, *femme du Signor Marc.*

JULIE , *fille du Signor Marc.*

LE PODESTAT *de la Ville de Bresse en Lombardie.*

MONFORT , *Volontaire dans l'armée Vénitienne.*

LUCETTE *Suivante de Julie.*

FRONTIN , *Chirurgien & Valet de Chambre du Chevalier.*

UN ESTAFIER.

La Scene est à Bresse chez le Seigneur Marc, dans un grand Salon par bas, bien percé, & qui donne sur un jardin magnifique.

PREFACE.

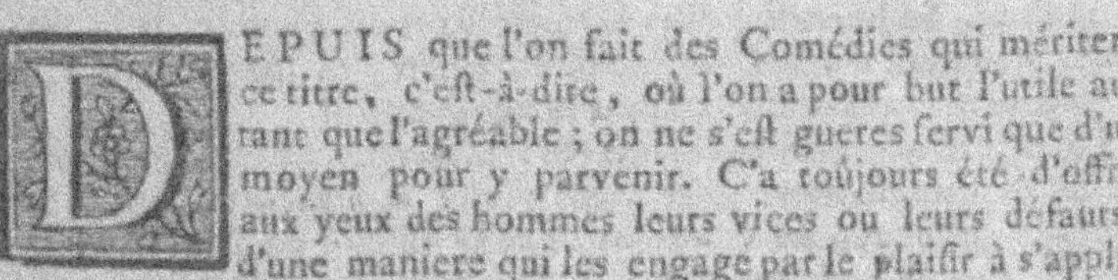

DEPUIS que l'on fait des Comédies qui méritent ce titre, c'est-à-dire, où l'on a pour but l'utile autant que l'agréable ; on ne s'est gueres servi que d'un moyen pour y parvenir. C'a toûjours été d'offrir aux yeux des hommes leurs vices ou leurs défauts, d'une maniere qui les engage par le plaisir à s'appliquer à les connoître, & de les corriger en les divertissant par le ridicule qu'on y attache.

Je ne sçai pourquoi l'on a si peu employé le moyen contraire, qui tend à la même fin, en mettant à la place de ces vices ou de ces défauts, des vertus, ou de belles qualitez dans des Personnages interessans, & à qui l'on aimât à ressembler : La belle nature affecte toûjours plus agréablement que la difforme, également bien réprésentée. La vertu plaît en autrui, à ceux même qui la suivent le moins ; & sa beauté plus souvent offerte, pourroit produire en eux du penchant à l'aimer.

C'est ce dernier moyen que j'ai embrassé, depuis que j'ai fait ma seule occupation de travailler pour le Theatre. Et comme il m'a réüssi par-delà mon attente, dans ma Piece intitulée Démocrite prétendu fou, je n'en ai point changé dans celle-ci, ayant heureusement trouvé une matiere beaucoup plus noble & plus touchante.

On sçait que le Chevalier Bayard a été le modele d'un Guerrier accompli, & celui d'un parfaitement honnête homme. Sa valeur est au-dessus du ton de la Comedie ; mais ses vertus civiles, & les belles actions de sa vie privée offrent tous les caracteres qui conviennent à ce Poëme : l'Utile, l'Agréable & le Pathétique.

J'ai donc rassemblé quelques-unes de ses belles actions, & j'en ai formé cette Piéce, dans laquelle je le fais agir conformément à l'idée que l'histoire nous donne de son naturel plein de bonté, de candeur, d'humanité & de modestie. J'y peins son aversion pour les Flateurs, son soin exact d'observer en amour toutes les bienséances & les formalitez en usage du tems de nos Peres; son respect pour le beau sexe, & la bonne opinion qu'il eut toûjours de sa vertu, son attachement à l'Etat; enfin tout ce qui lui fit donner le titre de bon Chevalier, sans peur & sans reproche.

Le mérite d'une fille de tout point accomplie, n'est pas plus ici le fondement de son amour, que le desir ardent de laisser une posterité digne de ses Ancêtres, au service de son Roi, & à la défense de sa Patrie : amour singulier, & qui n'a rien de la foiblesse ordinaire à cette passion. J'ai fait regner dans tout l'Ouvrage son genereux penchant, pour ceux en qui il trouva la valeur jointe à la probité. Sa liberalité sans exemple dans un homme de sa fortune, y produit d'agréables incidens. Enfin, sa magnanimité, & sa continence admirable en font le dénouëment.

J'ai esperé que de si belles images, soûtenuës de situations nouvelles & interessantes, pourroient plaire & attacher, sans le secours de beaucoup de Comique, que la dignité du sujet ne comporroit pas. Je crois qu'il est bon de mettre quelque varieté entre les Pieces, & qu'on peut se lasser de les entendre toutes sur le même ton, quelque plaisant qu'il puisse être, Moliere même en a fait de plus serieuses que celle-ci.

APPROBATION.

J'Ai lû par Ordre de Monseigneur le Chancelier les *Oeuvres de M. Autreau*, & j'ai cru qu'on pouvoit en permettre l'impression. A Paris ce 4. Juin 1740.

Signé MAUNOIR.

PRIVILEGE DU ROI.

LOUIS, par la Grace de Dieu, Roi de France & de Navarre : A nos amez & féaux Conseillers, les Gens tenans nos Cours de Parlement, Maitres des Requêtes ordinaires de notre Hôtel, Grand Conseil, Prévôt de Paris, Baillifs, Senéchaux, leurs Lieutenans Civils & autres nos Justiciers qu'il appartiendra : SALUT, notre bien amé le Sieur AUTREAU, nous ayant fait remontrer qu'il souhaiteroit faire imprimer & donner au Public plusieurs Ouvrages de sa composition, intitulés : *Les Oeuvres dudit Sr. Autreau,* s'il Nous plaisoit lui accorder nos Lettres de Privilege sur ce nécessaire ; offrant pour cet effet de le faire imprimer en bon papier & beaux caracteres, suivant la feuille imprimée & attachée pour modele sous le contrescel des Presentes : A ces Causes voulant traiter favorablement ledit Sieur Exposant, Nous lui avons permis & permettons par ces presentes, de faire imprimer ledit Ouvrage ci-dessus specifié, en un ou plusieurs volumes, conjointement ou separement & autant de fois que bon lui semblera, & de le faire vendre & débiter par tout notre Royaume, pendant le tems de douze années consecutives, à compter du jour de la date desdites Presentes ; faisons deffenses à toutes sortes de personnes de quelque qualité & condition qu'elles soient, d'en introduire d'impression étrangere dans aucun lieu de notre obéissance ; comme aussi à tous Libraires-Imprimeurs & autres, d'imprimer, faire imprimer, vendre, faire vendre, débiter, ni contrefaire ledit Ouvrage ci-dessus exposé, en tout, ni en partie, ni d'en faire aucuns extraits sous quelque pretexte que ce soit, d'augmentation, correction, changement de titre ou autrement, sans la permission expresse & par écrit dudit Sieur Exposant, ou de ceux qui auront droit de lui, à peine de confiscation des exemplaires contrefaits, de trois mille livres d'amende contre chacun des contrevenans, dont un tiers à Nous, un tiers à l'Hôtel-Dieu de Paris, l'autre tiers audit Sieur Exposant, & de tous dépens, dommages & interêts ; à la charge que ces Presentes seront enregistrées tout au

a iiij

long fur le Regiftre de la Communauté des Libraires-Imprimeurs
de Paris, dans trois mois de la date d'icelle ; que l'impreffion de
cet Ouvrage fera faite dans notre Royaume & non ailleurs ; &
que l'Impetrant fe conformera en tout aux Réglemens de la Li-
brairie, & notamment à celui du dixiéme Avril 1725. & qu'avant
que de l'expofer en vente le Manufcrit ou Imprimé, qui aura fer-
vi de copie à l'impreffion dudit Ouvrage, fera remis dans le même
état où l'Approbation y aura été donnée, ès mains de notre très-
cher & féal Chevalier le Sieur d'Aguesseau, Chancelier de France, Commandeur de nos Ordres, & qu'il en fera enfuite remis deux
Exemplaires dans notre Bibliotheque publique, un dans celle de
notre Château du Louvre, & un dans celle de notredit très-cher
& féal Chevalier le Sieur d'Aguelleau, Chancelier de France,
Commandeur de nos Ordres ; le tout à peine de nullité des Prefentes : du contenu defquelles vous mandons & enjoignons de faire jouir ledit Sieur Expofant ou fes ayans-caufes, pleinement &
paifiblement, fans fouffrir qu'il leur foit fait aucun trouble ou em-
pêchement : Voulons que la copie defdites Prefentes qui fera imprimée tout au long au commencement ou à la fin dudit Ouvrage,
foit tenu pour dûement fignifiée, & qu'aux copies collationnées
par l'un de nos amez & féaux Confeillers & Secretaires, foi
foit ajoûtée comme à l'Original : commandons au premier notre
Huiffier ou Sergent, de faire pour l'exécution d'icelles tous actes
requis & néceffaires, fans demander autre permiffion, & nonob-
ftant Clameur de Haro, Chartre Normande, & Lettres à ce con-
traites : car tel eft notre plaifir. Donne' à Paris le feptiéme jour
de Janvier l'an de grace mil fept cens quarante, & de notre Regne
le vingt-fixiéme.

Par le Roi en fon Confeil.

Signé, SAINSON, *avec paraphe.*

*Regiftré enfemble la Ceffion fur le Regiftre dix de la Chambre
Royale & Syndicale des Libraires & Imprimeurs de Paris N°. 441.
Fol. 439. conformément au Réglement de 1723. qui fait deffenfe Art.
IV. à toutes perfonnes de quelque qualité qu'elles foient, autres que
les Libraires & Imprimeurs, de vendre, débiter & faire afficher
aucuns Livres, pour les vendre en leurs noms, foit qu'ils s'en difent
les Auteurs ou autrement, & à la charge de fournir à ladite Chambre Royale & Syndicale des Libraires & Imprimeurs de Paris,
huit Exemplaires preferits par l'Art. CVIII. du même Réglement.
À Paris le 31. Janvier 1741.*

Signé, SAUGRAIN, *Syndic, avec paraphe.*

Le Chevalier

LE CHEVALIER BAYARD,
COMEDIE HEROIQUE.

ACTE PREMIER.
SCENE PREMIERE.
LE SEIGNEUR MARC, LE PODESTAT.

LE PODESTAT.

AH! Seigneur Marc, quelle détreſſe!
Que de maux ennuyez! & combien j'en prévois!
La voilà donc pour la ſeconde fois,
Notre bonne Ville de Breſſe,
Abandonnée aux fureurs des François?
Quel déſordre! quel brigandage!

LE SEIGNEUR MARC.

Podeſtat, taiſons-nous. Revoltez, pris d'aſſaut;
Nous fûmes de plein droit expoſez au pillage,
Où l'on ne fit pourtant que très-peu de ravage;
Leur General le fit ceſſer bientôt,

A

LE PODESTAT.
Il dura près d'une heure. En faut-il davantage
     Pour cauſer des maux infinis?
Combien de coffres-forts enfoncez, dégarnis!
     Sur le beau ſexe quel orage !
     Où plus d'un honneur fit naufrage,
     Quel crevecœur pour de pauvres Maris?
LE SEIGNEUR MARC.
     Eſt-ce là le plus grand dommage ?
Nos rançons, qu'on exige au plûtôt, c'eſt bien pis.
LE PODESTAT.
Hé bien donc ſans murmure eſſuyons la tempête,
Auſſi bien trempons nous dans la rébellion ;
Il vaut mieux en ducats acquitter ſa rançon,
Que comme nos pareils, la payer de ſa tête.

     Si par malheur on découvroit jamais
     Qu'en ſecret, & pendant la paix
     Nous fimes un grand amas d'armes....
Hom ! là deſſus j'ai peine à me bien raſſurer.
LE SEIGNEUR MARC.
Nos complices ſont morts ſans en rien déclarer,
     Guériſſez-vous de vos allarmes.

Qui, chez vous des pillards entrerent les premiers ?
LE PODESTAT.
Comme on donna l'aſſaut bien près de nos quartiers,
     Je vis d'abord ma maiſon pleine
     De cette eſpéce de Guerriers
     Que l'on appelle Avanturiers,
     Enfans perdus ; race avide, inhumaine ;
     Mais par bonheur ſurvint leur Capitaine.
     Ah ! mon ami, que ſans les Officiers
Nous aurions tous ſouffert & de perte & de peine!

En arrivant, il fit décamper ces Brigands,

Qui, l'ame de rapine & d'amour occupée,
Ne songeoient qu'à piller, ou qu'à honnir les gens;
Portant par tout sans choix leurs desirs insolens,
Arrachant des faveurs à coups de plat d'épée;
Heureuse la Beauté de leurs mains échappée.

LE SEIGNEUR MARC.
Ce sont de terribles Galands.

LE PODESTAT.
Ma Maîtresse, grand Dieu ! comment s'en tira-t-elle ?
En pareil cas, il est dangereux d'être belle,
    L'honneur en a plus de risque à courir,
Et je sens pour le sien une frayeur mortelle.

LE SEIGNEUR MARC.
Non, de cette frayeur tâchez de vous guerir.
Monfort, qui comme vous est amant de Julie,
    Vint bien vite la secourir;
    Et s'exposa mille fois à périr
Pour luy sauver l'honneur, & les biens, & la vie.

LE PODESTAT.
N'y vint-il pas trop tard ? Seigneur Marc, entre nous;
    Dites-moi vrai sur ce point, je vous prie.

LE SEIGNEUR MARC.
    Eh quoi ! toujours défiant & jaloux ?
    Vous êtes bien de la Patrie.

LE PODESTAT.
En vices du Païs nous sommes bien égaux;
Je suis un peu jaloux; & vous, assez avare.
    Passons-nous chacun nos défauts,
    Un homme parfait est bien rare.

Quand j'épouse Julie à peine d'un dédit,
Et sans dot; je m'y prends d'assez bonne maniere;
Pour mériter d'avoir ma femme bien entiere.

LE SEIGNEUR MARC.
Ne pourra-t-on jamais vous rassurer l'esprit ?

A ij

LE PODESTAT.

Là, là, sans vous fâcher, racontez-moi, de grace,
Ce que, pour la sauver, fit le vaillant Monfort.

LE SEIGNEUR MARC.

Comme il vit que d'assaut on entroit dans la Place,
  Il accourut à ma porte d'abord,
Par un tas d'Ennemis bien près d'être enfoncée.
Bientôt, par sa valeur, la troupe en est chassée.
Arrive en ce moment notre bon Chevalier,
Revenant de l'assaut une cuisse blessée ;
   Et vers le bas de l'escalier,
   Tous deux la visiere baissée,
   Et ne se reconnoissant pas,
   Font un des plus affreux combats.

Mais à la fin, Bayard, d'un coup de cimeterre
   Renverse le pauvre Monfort,
   Et là, finit entre eux la guerre.

   Le Chevalier le croyant mort,
Entre chés moi, fait bien garder la porte.
   Par le secours de quelque appui,
L'autre enfin se releve, & chez luy se transporte ;
Mais bien du monde encor le croit mort aujourd'hui.

LE PODESTAT.

Non pas moi, car je viens de dîner avec lui.
Vous me voyez pourtant surpris d'étrange sorte,
Car de tout ce combat Monfort ne m'a rien dit.
   Une blessure à l'assaut, au contraire,
A ce qu'il m'a conté, lui fit garder le lit.

LE SEIGNEUR MARC.

Il croit avoir encor des raisons pour le taire,
Jusqu'ici de Bayard il a craint la colere.
   Mais le Chevalier par bonheur
N'ayant jamais connu qui fut ce défenseur,
Nous avons sçû donner si bon tour à l'affaire,
   Qu'il va paroître à l'ordinaire.

LE PODESTAT.
Ce recit allarme mon cœur.
Vous allez luy donner Julie,
Car après ce service il la merite bien ?
LE SEIGNEUR MARC.
Non. Je vous l'ay tant dit, il a trop peu de bien ;
Je n'en eus jamais moins d'envie,
Là deſſus n'apprehendez rien ;
C'eſt pourquoy changeons d'entretien.
LE PODESTAT.
Ca, parlons donc du ſujet qui m'amene.
De ces Avanturiers l'obligeant Capitaine
M'a pourtant menacé d'une groſſe rançon ;
Je ſens une ſecrete peine
Qu'il n'ait de moi quelque mauvais ſoupçon.

Bayard eſt ſon ami ; c'eſt un fort honnête homme,
Qui ménage le Citoyen ;
Et j'eſpere par ſon moyen
Faire un peu moderer ma ſomme.
Pour approcher de lui, quel tems faut il choiſir ?
LE SEIGNEUR MARC.
Tout tems eſt bon, il eſt très-accoſtable :
Obliger le prochain, eſt ſon plus grand plaiſir ;
Toujours poli, toujours affable.
Il dîne, il eſt encor à table.

Je vois un homme à luy, c'eſt un joyeux garçon ;
Qui ſçait un peu de Chirurgie
Tres ignorée en Italie.
Valet de Chambre adroit, mais ſur tout fin Gaſcon.

SCENE DEUXIE'ME.

FRONTIN. LE SEIGNEUR MARC. LE PODESTAT.

LE SEIGNEUR MARC.

HE bien, mon cher Frontin, comment va la blessure
Du Seigneur Chevalier, le meilleur des humains?
FRONTIN.
Hé donc? étant entre mes mains
Sa prompte guerison n'étoit-elle pas sûre?
Je l'ai mis en état de monter à cheval.
Comment! quand en réjoüissance
De sa pleine convalescence
Toute la Ville sçait qu'il va donner le Bal,
Croyez-vous qu'il se porte mal?
LE PODESTAT.
Le Bal! ô Ciel! ah! je perds patience.
LE SEIGNEUR MARC.
Qu'y craignez-vous donc de fatal?
LE PODESTAT.
Ce que j'y crains? d'y voir ma Julie exposée
A mille soupirs dangereux,
Et par nos François amoureux
A mes yeux même courtisée.
LE SEIGNEUR MARC.
Ainsi l'a resolu le Seigneur Chevalier.
Que voulez-vous? j'en ai du chagrin le premier;
Mais puis-je l'empêcher? ma femme est une folle,
Entêtée à l'excès du merite frivole
Des gens de ce maudit pays.
Fiere de son credit, de sa grande Noblesse;
Car son Pere à Venise est du Conseil des Dix,
Elle veut être la Maîtresse,

J'ai beau me plaindre, on rit de tout ce que je dis :
Il faut filer doux, & me taire.
Mais quittons ce discours. Allons à votre affaire.

SCENE TROISIE'ME.

FRONTIN *seul.*

COmment donc ? ce Barbon, je croy,
Espere impunément s'emparer de Julie ?
Ah ! cadedis je l'en défie.
Il n'en sera rien sur ma foy.
Monfort, vaillant, bienfait, quoy qu'aimé de la belle ;
Lui-même, n'a plus rien à prétendre auprès d'elle ;
Et tous deux desormais auront affaire à moy.

Je l'ay reservée à mon Maître.
Il la merite seul, elle est digne de luy.
Il l'aime, je sçais m'y connêtre,
Je l'ay découvert d'aujourd'huy.
Il est sûr de l'avoir puisqu'il a mon appuy.

Ha ! bon, voici son agréable mere,
Qui nous estime autant que son mary nous hait.
Je viens luy faire part de cet amour secret
Qui pourra ne luy pas déplaire.

SCENE QUATRIE'ME.

LA SIGNORA MARC. FRONTIN.

LA SIGNORA MARC.

FRontin, mais dis-moi donc par quel secret de l'art,
Par quelle magique science
Tu rajeunis si bien le Chevalier Bayard ?
Il rentre dans l'adolescence,

Et paroit tout autre aujourd'hui.

Depuis que tu prends soin de lui,
Tu l'as bien corrigé d'un air trop militaire;
Il est beau, frais, paré, bien plus qu'à l'ordinaire:
Les yeux en sont presque éblouis.
FRONTIN.
Il a bon air, & cela vous étonne,
Quand un François prend soin de sa personne?
La source du bon air est en notre pays.
LA SIGNORA MARC.
Il est vrai, des François le talent veritable
Est le bon goût des ornements:
Tout fleurit dans vos mains, tout y devient aimable;
La France est le Pays natal des agréments.

J'ay senty de tout temps une secrette pente
Pour votre heureuse nation
Digne en tout d'admiration;
L'air, l'esprit, le courage, en elle tout m'enchante.
Ah! qu'un gendre François rendroit mon sort heureux
C'est l'unique desir qui regne dans mon ame.
FRONTIN.
Soyez donc contente, Madame,
Je vous en promets un qui va combler vos vœux.
LA SIGNORA MARC.
Vain espoir, mon époux donne par avarice
Julie au Podestat, sans dot, & par écrit;
Le trop heureux barbon luy-même me l'a dit.
FRONTIN.
Je pretends, moi, qu'il déguerpisse,
Pour casser le dédit, j'ai des moyens tout prêts,
Qu'il n'est pas temps de vous apprendre;
Comptez Bayard pour votre Gendre,
C'est moi, moy, qui vous le promets.

LA SIGNORA MARC.
Ah Ciel ! à ce bonheur oferois-je m'attendre ?
FRONTIN.
Ecoutez feulement, & vous l'allez comprendre.
Doit-on douter d'un fait quand il vient de ma part ?

En entrant en ces lieux, il apperçut Julie
Tenant dans fa main un poignard,
Pour percer le premier pendart
Qui l'eût voulu preffer de quelque ignominie.

L'intrepidité de fon cœur
Lui parut d'abord admirable ;
En effet de frayeur Julie eft incapable ;
Et malgré fon air de douceur
Elle ne craindroit pas le Diable.

De ce trait fi plein de vigueur
Son ame fut d'abord éprife ;
Il crut voir, m'a-t-il dit, Bradamante, ou Marphife,
LA SIGNORA MARC.
Comment ? t'a-t-il déja déclaré fon ardeur ?
FRONTIN.
Comme elle ne fait que d'éclore,
Il n'ofe pas encor en faire un plein aveu :
Mais plus il veut cacher fon feu,
Plus il perce, & moins je l'ignore.
Faites attention à ceci tant foit peu.

Déja, le foin de fa parure,
Ce defir de paroître beau
Qu'en lui vous trouvez fi nouveau,
Nous eft de fon amour un affés bon augure.
LA SIGNORA MARC.
Oüi, j'approuve ta conjecture.
FRONTIN.
De plus, vous allez tantôt voir

Qu'il n'a plus la face entourée
De la barbe large & quarrée
Qu'il portoit encor hier au soir.
Dans un casque, dit-il, rien n'est plus incommode;
Mais vain prétexte; il n'en agit ainsi
Que pour se rajeunir, & pour estre à la mode.
LA SIGNORA MARC.
Fort bien, j'approuve sa methode.
FRONTIN.
Item; oh peste! écoutez bien cecy;
Il m'a donné commission secrete
De m'informer si son cœur jusqu'ici
N'auroit point ébauché quelque jeune amourette
LA SIGNORA MARC.
Il est jaloux ? bon, la preuve est complete.
N'importe; tâche encore à t'en mieux éclaircir.
Que je vivrois désormais à mon aise
Si l'himen pouvoit réüssir !
Je me croirois presque Francese.

Que de bals ! de cadeaux ! de divertissemens !
Que d'occupations charmantes !
Rempliroient tour à tour nos ennuyeux moments !
Des jeux, & des tournois, mille fêtes galantes.
Cent Officiers bienfaits en ce lieu nuit & jour
A l'illustre Bayard viendroient faire leur Cour.
A mes yeux l'aimable spectacle !
Entiere liberté, l'objet de nos desirs.....
FRONTIN.
Doucement. Suspendez un moment vos plaisirs,
J'y vois un furieux obstacle.
LA SIGNORA MARC.
Quel est-il donc, Frontin ?
FRONTIN.
Julie aime Monfort.

Il est bienfait, pour elle il a risqué sa vie;
    Je ne croi pas qu'elle ait grand tort,
    Monfort aime encor plus Julie.
    De tout ceci j'augure mal.
    Le Chevalier est homme sage,
    Qui doit craindre un jeune rival.
    On ne veut pas se commettre à son âge.
Leur merite en himen est assés inégal,
Un ainé de vingt ans perd aisement courage.

      LA SIGNORA MARC.

Ah! je le conçois trop; par cet amour fatal,
C'en est fait, mon espoir vient de faire naufrage.

        FRONTIN.

    Quoi? vous desesperez d'abord?
Çà, faisons revenir votre espoir à la nage,
Et l'himen de Bayard arriver à bon port.

      LA SIGNORA MARC.

    Comment feras-tu ce miracle?

        FRONTIN.

Il vaut fait. Ce Monfort que je viens de guerir,
    Etant notre plus grand obstacle.....

      LA SIGNORA MARC.

    Hé bien?

        FRONTIN.

    Hé bien, je n'ai qu'à le faire mourir.

      LA SIGNORA MARC.

Faire mourir Monfort? ah traître!

        FRONTIN.

          Patience.

    Jugement trop précipité.
On peut tuer les gens en bonne conscience,
    Quand on le fait sans nuire à leur santé.

      LA SIGNORA MARC.

    Parle donc sans obscurité.

FRONTIN.

Je vais le dire mort, comprenéz-vous la chose;
Assurer son trépas. Dans ce que je propose
          Il n'est nulle difficulté.

Car vous sçavez deja que par toute la Ville
          Il passe pour tel aujourd'hui,
Que depuis le combat il est resté chez lui
     Pour mieux guerir, toujours clos & tranquille;
     Que sur sa mort, on pourra bien, je croi,
Surtout en ce logis, s'en rapporter à moi.

          Que votre Epoux voudra lui-même,
          Quand il en sçaura la raison,
          Pour l'écarter de la maison,
          Favoriser le stratagême.
Sur cette mort Julie aura t-elle à douter,
     Quand vous & moy la viendrons arrester?

LA SIGNORA MARC.

          Ouy, par ce rayon d'esperance
          Tu viens de ranimer mon cœur.

FRONTIN.

Vous-même, écrivez-lui que vous tremblez de peur
          Qu'à Bayard ici sa presence,
Du malheureux combat ne découvre l'Auteur;
          Obtenez quelques mois d'absence;
Et cependant...

LA SIGNORA MARC.

          Frontin, j'admire ton esprit.
Oüi je vais lui donner cet ordre par écrit,
          Il m'en croira sans défiance.
          Julie en ne le voyant plus,
          Privée à jamais d'esperance,
Se lassera bientôt de regrets superflus,
          Et d'une inutile constance.
          Engage Bayard à parler,

L'honneur d'une telle alliance
Peut à la fin la consoler.
Cours vîte chez Monfort, empêche qu'il ne sorte.

FRONTIN.

Oüi, mais j'ai quelque compte à rendre au Chevalier;
Je dois l'attendre ici.

LA SEGNORA MARC.

Va donc dire au Portier
Que de ma part il l'arrête à la porte:
Et si tu dois parler au Chevalier ici,
Du secret de son cœur tâche d'être éclairci,
C'est ce qui le plus nous importe,
Mais évitons ma Fille que voici,
Et sa folle Suivante aussi.

SCENE CINQUIE'ME.

JULIE. LUCETTE.

Vous verrai-je toujours dans cet abbattement ?
Courage, allons, Madame, un peu de joie;
Profitez des plaisirs que le Ciel vous envoye.
Ce soir, au Bal, vous verrez votre Amant;
Sa santé, grace au Ciel, est très-bien rétablie.
Quand je vois le mien un moment,
Quelque chagrin d'ailleurs qui traverse ma vie;
Adieu, c'en est fait, je l'oublie.

JULIE.

N'appelle plus ainsi l'infortuné Monfort,
Lucette, épargne-moi ce déplaisir extrême;
Apprend que je me fais effort
Pour me cacher mon amour à moi-même,
Ce titre de ma part ne lui fut point permis;
Nous ne nous sommes rien promis.

Croy désormais que je ne l'aime,
Que comme on doit aimer le meilleur des amis.

LUCETTE.

Eh quoi! Madame, il vous adore:
Vous avoüiez que vous l'aimez auffi,
Tout le monde le sçait ici,
Faut-il que lui seul il l'ignore?

JULIE.

Oüi, je m'attache à lui faire ignorer
Ce que pour lui reffent mon ame;
Je l'aime trop pour le lui déclarer:
C'eft pour le mieux guerir de fa trop vive flamme,
Que je prive fon cœur du plaifir d'efperer.

Quoi? quand il faut brifer nos chaînes,
J'irois par mon aveu redoubler fes defirs?
Et fur des efpérances vaines
Répondre à fes tendres foupirs?
De la douceur de fes plaifirs
Naîtroit un jour la rigueur de fes peines.

LUCETTE.

Eh! ne defefperez jamais.
Si jufqu'ici par avarice
Votre Pere a paru contraire à fes fouhaits,
Monfort a fçû luy rendre un affés grand fervice,
Pour mieux efperer déformais.
Quoi? pourriez-vous fans injuftice
Lui cacher plus long-tems vos fentimens fecrets?
Craignez-vous donc fi peu de lui paroître ingrate?
Il eft tems, ou jamais, que votre amour éclate.
Eh quoi! dans la jeune faifon
Doit-on d'un peu d'amour faire tant de myftere?
En vous obftinant à le taire,
Au fond de votre cœur il deviendroit poifon.
Aimez, parlez, fuivez mon confeil falutaire.

JULIE.

Si jamais je l'avois assuré de ma foy,
    Je me ferois une suprême loy
D'être jusqu'à la mort & fidele & constante;
Mais trop sûre qu'un jour mes parens malgré moy
    M'obligeroient à trahir son attente,
    Non, je ne vois qu'avec effroy
A quel affreux danger un faux espoir le livre;
    Il en mourroit, je le prévoy.
    Helas! pourrois-je lui survivre?

LUCETTE.

    Eh! pourquoy craindre un avenir
    Encor si plein d'incertitude?
    L'aveu d'un Pere peut venir:
On le fera rougir de son ingratitude.
    Pour vaincre cette inquiétude?
    Servez-vous de votre grand cœur.
Bannissez loin de vous toute idée importune
    Qui s'oppose à votre bonheur,
L'amour dans votre amant animant la valeur,
    Le conduira bien vîte à la fortune.

    En attendant souffrez qu'à vos genoux
    Plein d'une juste confiance,
Il cherche dans vos yeux la juste récompense;
    De tout le sang qu'il a versé pour vous.
    Rompez enfin ce pénible silence.

Au moindre mot flatteur vous le verriez d'abord
    Agité du plus doux transport.
Moüiller vos belles mains par des larmes de joye;
    Les baiser tendrement. Oüy da,
    On peut bien souffrir jusques là:
    Mais il ne faut pas qu'on le voye.

JULIE.

Tout beau, Lucette.

LUCETTE.

He quoy? ce mot là vous fait peur?
Sçachez qu'un peu d'humeur douce & compatissante
Par cy par là pour calmer sa douleur
Est mille fois plus innocente
Que votre eternelle froideur.

JULIE.

Oh finis, sur Monfort je t'impose silence,
De si libres conseils offensent la pudeur.
Sortons, le Chevalier s'avance.

SCENE SIXIE'ME.

LE CHEVALIER. LE PODESTAT.

LE CHEVALIER.

OUi, Seigneur Podestat, je feray mon possible
Pour vous sauver les droits qu'on exige de vous.
Vous pouvez esperer un traitement plus doux,
Aux malheurs des vaincus je fus toujours sensible;
Autant que je le puis je les soulage tous.

LE PODESTAT.

Monfort me l'a bien dit, que vous étiez un homme,
Outre votre extréme valeur,
Plein de justice & de candeur;
Et que c'est à bon droit qu'en tous lieux on vous nomme
Le Chevalier sans reproche & sans peur.

LE CHEVALIER.

Mon très-cher Podestat, le compliment m'assomme,
Croyez que sans ce ton trop flatteur & trop doux,
J'auray soin de parler pour vous,
Et feray, si je puis, moderer votre somme.

Mais dites moy, quel est-il ce Monfort,

Qui dit de moi tant de merveilles?
LE PODESTAT.
C'est un jeune Guerrier qui nous estimons fort;
Qui sera digne un jour de louanges pareilles;
Fils d'un François, mais depuis long-temps mort;
LE CHEVALIER.
Ce nom là ma frappé d'abord.

Quoi? depuis plus d'un mois que nous sommes dans Bresse
Monfort a negligé jusqu'ici de me voir?
Luy, qui sçait que je l'aime avec tant de tendresse?
Il eut quelque raison de s'en appercevoir
Etant mon Prisonnier, & cet oubli me blesse.
LE PODESTAT.

Il n'a pû s'acquitter de ce devoir plûtôt,
J'en suis temoin, le sang qu'il perdit à l'assaut
Lui cause encor quelque foiblesse;
Mais à present il est en état de sortir,
Pour sa santé n'ayez nulles allarmes.
LE CHEVALIER.
Que sa presence auroit pour moi de charmes!
Pour le conduire ici, je vais faire partir
Avec mon char, deux de mes hommes d'armes.
LE PODESTAT.
Il sera prêt, Seigneur, je vais l'en avertir.

SCENE SEPTIE'ME.

LE CHEVALIER *seul d'abord.* FRONTIN
un peu aprés.

F Rontin me fait long-tems attendre,
Ne devroit-il pas être en ce lieu de retour?
Mais le voici qui vient s'y rendre:

B

Qu'on est impatient quand on a de l'amour !

Eh quoy! si loin de ma jeunesse
Incertain du succès de mes tendres desirs,
Dois-je m'abandonner à l'espoir des plaisirs!
Ah! ne nous embarquons du moins qu'avec sagesse;
Evitons, s'il se peut, la honteuse foiblesse
De risquer trop tard des soupirs.
A Frontin, qui s'est avancé.
Hé bien, Frontin, sçais-tu quelques nouvelles
Du cœur de la Beauté qui brille dans ces lieux?
FRONTIN.
Oüi, Seigneur, & des plus fideles,
Pouviez-vous vous adresser mieux?
Près d'elle encor il ne paroît personne,
Et son cœur est sans interest.
LE CHEVALIER.
Personne? belle comme elle est?
FRONTIN.
Et seriez vous touché?
LE CHEVALIER.
Non, mais cela m'étonne,
FRONTIN.
Cependant on vous en soupçonne.
LE CHEVALIER.
Que peut-on soupçonner de moi?
FRONTIN.
Qu'elle vous plaît;
Que vous l'aimez enfin.
LE CHEVALIER.
Tu ris?
FRONTIN.
Eh! mon cher Maître;
A quoy bon le dissimuler?
Ignorez-vous que sans parler

L'amour sçait se faire connêtre ?
LE CHEVALIER.
Qui, moy, me croire Amant ? me sieroit-il de l'être ?
J'aurois trop attendu pour me laisser charmer.
Croy que mon cœur sçait s'en défendre :
Ai-je quelque raison d'esperer ? de prétendre ?
Suis-je d'âge à me faire aimer ?
FRONTIN.
Ne vous retranchez point tellement sur votre âge,
C'en est la saison ou jamais :
N'êtes vous pas encor & vigoureux & frais ?
En amour seulement seriez-vous sans courage ?
LE CHEVALIER.
J'attendois peu ce compliment
D'un homme né sur la Garonne ;
En toy le ton flatteur m'étonne,
Il est moins Gascon que Normand.
FRONTIN.
Seigneur, j'appelle de l'injure,
Vous pouvez être aimé, le fait n'est point douteux ;
Et l'on peut aisément former la conjecture
Que l'aimable Julie a fait naître vos feux.
LE CHEVALIER.
L'objet, sans doute est des plus gracieux ;
Quoi que de très noble famille
On voit en elle un air de dignité,
Qui passe encore sa qualité.
Sur son front de Diane, & dans ses beaux yeux brille
Une splendeur pleine de majesté,
Qui nous annonce presque une divinité ;
C'est une très aimable fille.
FRONTIN.
Quoy que fort content du portrait,
Laissez my s'il vous plait ajouter quelque trait.

B ij

Cette blancheur de lys, cette peau fine & nette;
  Sur tout cette taille parfaite,
  Où l'œil dès le premier inſtant
Se porte vers le haut, & revient ſi content
  D'avoir découvert en cachette
  Sous une fine colerette. . . .
Hom ! morbleu, cet endroit paroît bien ragoutant,
  LE CHEVALIER *d'un ton ſevere.*
  Hola, Frontin, ne parlez de Julie
  Qu'avec reſpect & modeſtie.
    FRONTIN.
  Vous vous fâchez? ho ma foy m'y voicy;
Vous l'aimez, je m'en tiens pour le coup éclaircy.
  LE CHEVALIER *du même ton.*
  Encor un coup, taiſez-vous, je vous prie ;
  Et ne vous ingerez jamais
De vouloir malgré moy penetrer mes ſecrets ;
  Point de telle plaiſanterie.
    FRONTIN.
Mon cher Maître, pardon pour la premiere fois,
  Je n'y retourne de ma vie :
  Non, vous n'aimez rien, je vous crois.
    LE CHEVALIER.
Finiſſons. J'ay beſoin de toy pour quelque affaire ;
Reſte icy.

SCENE HUITIE'ME.

FRONTIN *ſeul.*

PAr cet ordre, adieu notre projet.
Puiſque je dois reſter avertiſſons la Mere
D'envoyer à Monfort au plûtôt ſon billet.

Oh ! parſambleu, vous avez beau vous taire,

Seigneur Bayard, vos soins ont été superflus?
        Votre amour n'est plus un mystere,
J'ay lû dans votre cœur, vous en êtes confus.

        Qui le croiroit de ces grands hommes?
En guerre si sçavants à tendre des panneaux
        Aux plus habiles Generaux?
Que nous, leurs intrigants, tout petits que nous sommes
        Nous les faisons comme des sots
        Donner si souvent dans les nôtres?
        En amour, ma foy ces Heros
        Ne sont pas plus fins que les autres.

ACTE SECOND.

SCENE PREMIERE.

JULIE, LUCETTE.

LUCETTE.

OUy, vous devez sentir une douleur mortelle ;
Votre Mere & Frontin ont sans doute grand tort
     D'être venus vous annoncer d'abord
          Une aussi fâcheuse nouvelle.
Mais quoy ? cette douleur doit-elle être éternelle ?
     Efforcez-vous de vous moins affliger.
Monfort n'est plus ? hébien, il n'y faut plus songer.

          Vous restoit-il quelque heureuse esperance,
Quand vous parliez tantôt de vous en dégager ?
Non ; votre hymen étoit hors de toute apparence.
          Vos parens, avares, ingrats
De ses rares vertus faisoient trop peu de cas
          Pour souhaiter son alliance,
Et vous l'aviez perdu même avant son trépas.
JULIE.
     T'accuseray-je d'injustice,
     O ciel ! mais non, respectons tes decrets :
C'est moy qui de sa mort suis la seule complice,
Justement condamnée à d'éternels regrets.
C'est le funeste effet de mes foibles attraits
     Qui l'a conduit au précipice.

Tu meurs,*mon cher Monfort en combattant pour moy !

* Icy Monfort paroît, écoute un moment, & se retire.

Tu meurs, & je puis te furvivre !
Pourquoy, pourquoy faut-il qu'une fevere loy
        M'empêche aujourd'huy de te fuivre ?

Mes jours, mes triftes jours vont couler dans l'ennuy,
Le cœur toujours en proye au chagrin qui me prefle,
        Qu'il ait ignoré la tendrefle
        Qu'en fecret je fentois pour luy.

        Il meurt en me croyant ingratte,
    Ah Ciel ! ce fouvenir fuffit pour m'accabler.
        LUCETTE.
    Il falloit m'en croire, & parler.
    Il eft bien temps que votre ardeur éclatte !
Apprenez, fi jamais quelqu'autre amour vous flatte,
        A ne plus le diffimuler.
        JULIE.
        Peut-il te parêtre poffible
        Que je reflente un feu nouveau ?
    Le feul Monfort fçut me rendre fenfible,
Qu'à jamais mon amour l'accompagne au tombeau.

        LUCETTE.
        Promeffe en l'air, efpoir frivole
        Que toujours la fuite dément ;
        Quand on perd fon premier amant,
        Ce n'eft qu'un fecond qui confole.

Vos pleurs tireront-ils le deffunt du trépas ?
        Non, c'eft pourquoy point de longue trifteffe ;
Qui flétriroit en vous la fleur de la jeuneffe,
N'abandonnez jamais le foin de vos appas :
Les Amants croyez moy ne vous manqueront pas.

    Icy Lucette apperçoit Monfort en fe retournant.

        Ah ! je n'en puis plus, je fuis morte !
Madame...

                        B iiij

JULIE.

Qu'as-tu donc à crier de la sorte?

LUCETTE.

Tournez les yeux là bas, n'appercevez-vous rien?

JULIE.

Non, rien du tout. Pourquoy?

LUCETTE.

Mais regardez-vous bien?

JULIE.

Oüy, fort bien.

LUCETTE.

Ma peur est extrême.
L'ombre de votre amant vient de s'offrir à moy,
Je l'ay vû comme je vous voy.

JULIE.

L'ombre de Monfort?

LUCETTE

De luy-même;
On pourroit à moins avoir peur.
A l'ayde, à l'ayde!

SCENE DEUXIEME.

MONFORT *s'avance d'un air riant & salue.* JULIE
qui d'étonnement fait un pas en arriere & reste. LUCETTE
fuit en faisant de grands cris.

JULIE.

AH Ciel! mais d'où naît ma frayeur?
Je ne voit rien en luy d'épouvantable,
Que voulez-vous de moy, Monfort?
On vous dit mort icy, qu'est-ce que cette fable,
Que croiray-je de votre sort?

MONFORT *d'un air riant.*

Rassurez-vous belle Julie,
On vous a fait un faux rapport,
Grace au Ciel je respire, & joüis de la vie.

Mais avant tout , pardonnez moy
De m'être icy souftrait quelque temps à la vûë ;
Surpris , en paroissant d'y répandre l'effroy ,
        Curieux d'apprendre pourquoy ;
J'y restois immobile , & l'ame suspenduë ;
Mais à la fin j'ay ry de ma mort prétenduë.

JULIE.

Sur l'état de mon cœur vous n'ignorez donc rien ?
        Il ne s'est ouvert que trop bien.
Faut-il qu'en ce moment vous m'ayez entenduë ?

MONFORT.

        Eh ! ne me le reprochez pas :
Pouvois-je refuser à mon ame ravie ,
D'entendre des regrets pour moy si pleins d'appas ?
Si j'ay sçu vous toucher , quelle injustice ? helas !
        Ou plûtôt quelle barbarie
D'avoir ainsi remis jusqu'après mon trépas
L'aveu d'où dépendoit le bonheur de ma vie ?

JULIE.

Sçavez-vous le tourment que mon cœur a souffert ,
Par un juste motif qui seul vous interesse ,
A vous tenir secret , cet amour qui le presse ?
Vous vous applaudissez de l'avoir découvert ;
        Mes pleurs ont trahy ma tendresse ,
        Vous m'écoutiez ; fatale adresse ,
        Cette connoissance vous perd.

Ay-je dû redoubler votre trop vive flamme ,
        En vous donnant lieu d'esperer ?
        Quand on cherche à nous separer ?
Quand au contraire , il faut l'éteindre dans votre ame ?

Jouissez , j'y consens , de mes justes regrets ;
Par là du moins , vers vous , je cesse d'être ingratte.
Mais que c'est vainement que ce plaisir vous flatte !
Toujours le même obstacle à vos tendres souhaits

Détruit votre espoir à jamais.
MONFORT.
Eh quoy ? rien n'a fléchy le cœur de votre pere ?
Ne puis-je m'en faire estimer,
Quand au prix de mon sang je m'efforce à luy plaire.
JULIE.
Jamais à vos desirs il ne fut plus contraire :
Ce que vous avez fait il cherche à le blâmer ;
Il l'appelle un effort imprudent, temeraire :
Voila, quel en est le salaire.
MONFORT.
Quel que soit son chagrin, il ne peut m'allarmer :
Vous m'aimez, il suffit, & mon ame est contente :
L'excès de mon bonheur surpasse mon attente ;
Mon sort pourra changer un jour,
J'espere tout de ma constance.
Mes efforts tôt au tard auront leur récompense ;
Jusqu'où n'iront-ils point : soutenus par l'amour ?
JULIE.
Avec tant de valeur, votre cœur magnanime
Ne conçoit point d'espoir qui ne soit legitime :
Non, genereux Monfort, ne vous rebutez pas ;
Croyez que je regarde aujourd'huy comme un crime
L'indigne procedé de mes parents ingrats.

Le refus de ma main seroit-il le salaire
De tout ce que pour nous vous avez osé faire ?
Vous verrois-je accablé d'un amour malheureux ?
Non, d'une pareille injustice
Mon cœur ne sera point complice ;
Il doit récompenser vos efforts genereux.
En me sauvant l'honneur & les biens & la vie
Vous avez acquis sur Julie
Les droits de ses parents ; qu'ay-je plus reçu d'eux ?
MONFORT.
Ah ! c'en est trop, je suis au comble de mes vœux,

JULIE.

Mais agissez sur tout avec prudence;
A votre amour encor j'impose le silence :
Dissimulons, esperons tout du temps,
Et sur vos feux & secrets & constants
Fondez cette juste esperance.

MONFORT.

Mais de grace, d'où vient ce faux bruit de ma mort,
A qui je dois le bonheur de ma vie ?
Et qui rend aujourd'huy mon sort
Si glorieux, & si digne d'envie ?

JULIE.

Il nous vient de ma Mere, & même de Frontin,

MONFORT.

En répandant cette fausse nouvelle
Quelle peut donc estre leur fin ?

JULIE.

La voicy, vous le sçaurez d elle.

SCENE TROISIE'ME.

LA SIGNORA MARC. JULIE. MONFORT.

LA SIGNORA MARC.

QUoy ? je vous trouve icy, Monfort ?
Quand par écrit je vous ay fait connêtre
Que ce seroit m'obliger fort,
Que de vous dispenser quelque temps d'y parêtre.

MONFORT.

Pardonnez-moy, Madame, on ne m'a point rendu
L'écrit qui me l'a deffendu,
Je n'ay pû prévoir vos allarmes,
Et ne sçais pas encor pourquoy
En paroissant icy j'y cause tant d'essroy,

Par ordre de Bayard, deux de ses hommes d'armes
Me sont venus prendre chez moy,
Et m'ont conduit icy presqu'à main forte.
Votre Portier à mon aspect
Balançoit à m'ouvrir la porte.
Mais au nom de Bayard il a porté respect,
Et je ne suis entré que grace à mon escorte.

LA SIGNORA MARC.

Comment ? vous connoissez le Chevalier Bayard ?
O Ciel, ma surprise est extrême.

MONFORT.

Depuis long-temps Madame, à son amitié même
Je puis me flatter d'avoir part.

LA SIGNORA MARC.

Dites moy donc par quel hazard.

MONFORT.

Dès le premier siege de Bresse
En voulant des François enlever un quartier,
Abandonné des miens je fus son prisonnier.
Le Chevalier, surpris que malgré ma jeunesse
J'eusse pû si long-temps soutenir ses efforts,
Fut si content de moy, qu'il m'accorda dès lors
Et son estime & sa tendresse.

LA SIGNORA MARC.

Ah ! Monfort que me dites vous ?
Jugez quel seroit son courroux
S'il alloit par malheur apprendre
Que contre luy vous osiez nous deffendre,
Quand vous l'avez là-bas blessé de tant de coups ?
En ce moment même je tremble
Qu'il ne vous trouve dans ces lieux.
S'il vous voyoit jamais vous & Julie ensemble,
L'amour qu'il liroit dans vos yeux
En luy découvrant tout, vous rendroit odieux.
Car par malheur Frontin vient de luy dire

Que c'étoit un de ces amants
Par defefpoir tombé dans le délire ;
Qui voulant imiter les Heros des Romans,
Avoit en Paladin deffendu notre porte ;
Et preffé par fa folle ardeur
Etoit venu pour nous prêter main-forte ;
Si l'on attaquoit fon honneur.

C'étoit pour vous fauver de fa colere extrême
Que j'avois fait courir le bruit de votre mort.
Mon Epoux l'approuva d'abord,
Et confirma ce bruit luy-même.
D'ailleurs, je vous le dis pour la derniere fois
Songez à faire un autre choix.

MONFORT.

Je ne connois que trop la diftance infinie
Du fort de votre fille au mien ;
Le plus profond refpect je le dois à Julie,
Mais par delà, croyez que je n'afpire à rien.
Souffrez Madame au moins que je m'acquitte
Auprès du Chevalier de mon jufte devoir :

La SIGNORA MARC.

Puifqu'il vous mande il faut bien le vouloir.
Il vient. Après cette vifite
Pour mon repos, ceffez, de grace, de nous voir.

SCENE QUATRIE'ME.

LE CHEVALIER MONFORT.

LE CHEVALIER.

ENfin, un heureux fort à mes vœux vous renvoye,
L'efperois-je mon cher Monfort ?
Concevez vous quelle eft ma joye

De revoir un amy que j'ay dû croire mort?
Quelque leger chagrin pourtant la diminue,
　　Permettez moy de vous le reprocher,
　　　Quand jouissant de votre vûë
Je songe que c'est moy qui vous ay fait chercher.

MONFORT.

　　Les plus fâcheuses conjonctures
Seigneur, ont suspendu jusqu'icy mon devoir.
Je reçûs comme vous à l'assaut des blessures
　　Qui m'ont privé de l'honneur de vous voir.

LE CHEVALIER.

A l'assaut? ah! Monfort, que ce mot me chagrine!
Quoy vous, qui d'un François tirez votre origine,
　　On vous a vû rebelle à votre Roy?

MONFORT.

Lorsque par trahison la ville fut surprise,
J'étois loin de ces lieux, mais de retour chez moy
　　Aussi-tôt qu'elle fut soumise,
Né dans Bresse, & sujet de l'état de Venise
　　Seigneur, j'ay dû suivre sa loy.

Je puis vous assurer pourtant de bonne foy;
　　Quoy qu'habitant de Lombardie,
Que je n'y combattis jamais qu'à contre-cœur;
Mais vous sçavez qu'on doit deffendre sa Patrie,
C'est le premier devoir chez un homme d'honneur.

LE CHEVALIER.

Pour vous disculper mieux, dites qu'une Maîtresse
　　Vous retient icy sous ces loix;
C'est le grand interest qui vous attache à Bresse,
　　Vous me l'avez dit autrefois,
　　Sans luy vous seriez plus François.

Hebien, brave Monfort, quelle est la récompense
　　D'un si fidelle attachement?
La Belle a-t-elle fait votre établissement?

MONFORT.

Ah! Seigneur, c'en est fait, je perds toute esperance.

LE CHEVALIER.

Croyez-moy, gardez vous-en bien.
Jeune, vaillant, bienfait, plein d'un rare merite;
Doit-on desesperer de rien?
Travaillez à former un aimable lien,
De tout mon cœur je vous en sollicite.
Payez ce doux tribut, plûtôt on s'en acquitte
Et plus dans sa saison on y trouve d'attraits.

Evitez, si vous êtes sage
Les reproches que je me fais
De n'avoir pas suivi ce conseil à votre âge;
J'en sens les plus tristes regrets.

Seul rejetton resté d'une famille illustre
Bientôt je vais toucher à mon dixiéme lustre,
Sans avoir de l'hymen suivi la douce loy.
Verray-je donc en moy ma Famille finie?
Dois-je ne point laisser en sortant de la vie
De vaillants sujets à mon Roy,
Des deffenseurs à ma Patrie
Dignes de mes ayeux du moins autant que moy?

Ces Batailles, le sceau, le comble de leur gloire,
Où leur trépas sanglant consacra leur mémoire,
S'offrent sans cesse à moy, m'animent tour à tour.
Dans celle de Poitiers aux François si funeste
Un Du Terrail * perdit le jour,
L'heritier de son nom dans celle d'Azincour
De son sang versa tout le reste;
Le fils de ce dernier, mon ayeul, a péry
Dans celle qui porta le nom de Montlhery.
Percé de mille coups, mon sage & vaillant Pere

* Du Terrail, nom de famille du Chevalier.

Hors d'état de servir, en mourut de douleur.
Et je mourray moy-même, ou du moins je l'esper
En suivant leur exemple au même lit d'honneur.
De cet honneur acquis quelle moisson perdue !
Dont joüiroit un digne successeur.
Cette refléxion me tue,
Et semble vers la gloire affoiblir mon ardeur.

MONFORT.

Avez vous renoncé, Seigneur, au mariage ?
Et n'êtes vous pas encore d'âge
A pouvoir vous donner une posterité.

LE CHEVALIER.

Il est vray, depuis peu cet espoir m'a flatté,
Et je sens qu'à l'hymen par luy je m'encourage.
Pour un aimable objet j'ay déja de l'amour ;
Et dès que de sa part j'y verray du retour
Je vous en diray d'avantage.

Mais revenons à l'objet de vos feux.
Estes vous aimé de la Belle ?

MONFORT.

Ouy, Seigneur, nous brûlons d'une ardeur mutuelle.

LE CHEVALIER.

Eh qui peut donc s'opposer à vos vœux ?

MONFORT.

Un Pere avare, & mon peu de fortune
M'empêchent d'esperer d'être jamais heureux.
Dans les occasions, (& je n'en manque aucune)
J'ay beau ne me point ménager ;
En vain, pour m'élever au péril je m'expose:
On me regarde icy comme fils d'Etranger ;
A mon avancement ce titre seul s'oppose.
On n'ose compter sur ma foy.
Je risque dans le rang de simple volontaire
Et ma vie, & le bien que me laissa mon Pere,

Sans

Sans pouvoir dans l'armée obtenir d'autre employ.
LE CHEVALIER.
Je connois ta valeur extrême
Brave Monfort, je t'estime, je t'aime ;
Et pour mieux t'acquerir au Roy,
Je veux prendre le soin de t'avancer moy-même.

Mon Lieutenant est mort dans le dernier assaut.
Pour dignement remplir sa place
Je te voy l'homme qu'il me faut.
Reçoy-la, c'est me faire grace :
Vien, mon amy, que je t'embrasse ;
Que ne t'ay-je revû plûtôt !
MONFORT.
Encouragé, Seigneur par cette grace insigne,
Desormais dans tous les combats
Je suivray de si près vos pas,
Que j'espere à la fin pouvoir m'en rendre digne.
LE CHEVALIER.
Ca, Monfort, à present, sans trop être indiscret,
Puis-je sçavoir le nom de ta belle Maitresse ?
Pour vous deux, tu le vois mon ame s'interesse.
MONFORT.
Dois-je pour vous jamais avoir aucun secret ?
Mais comme le mystere est pour nous d'importance ;
J'ose de vous Seigneur humblement implorer
De garder là-dessus un fidele silence :
Elle m'a fait tantôt jurer
De ne le jamais declarer.
LE CHEVALIER.
Sage précaution, j'approuve sa prudence,
Et croirois te faire une offense
En voulant te presser de trahir ton serment.
Le premier devoir d'un amant
Est la parfaite obeïssance.

Garde ton secret, tu fais bien :
Par là tu m'avertis de te celer le mien.
Si l'on n'est assuré d'un succès favorable
On doit toujours se taire là-dessus,
Car il n'est jamais honnorable
Qu'on vienne à sçavoir un refus.

D'ailleurs, plus ton espoir te flatte,
Plus, si je le voyois trahir,
Je haïrois quelque jour ton ingratte,
Et mon ame repugne au chagrin de haïr.

Va, cher Monfort, va consoler ta Belle
Du mauvais cœur de tes Bressants ingrats,
En luy portant cette nouvelle
Dont elle pourra faire cas.

Revien après au Bal, c'est moy qui t'y convie ;
Si tu le peux au moins sans nuire à ta santé :
Tu releves de maladie.
MONFORT.
Je vous jure, Seigneur, que de ma vie
Je ne me suis si bien porté.

SCENE SIXIEME.
LE CHEVALIER *seul.*

IL part content de moy, j'en ay l'ame ravie.

Mais le jour s'affoiblit. Avant qu'il soit plus tard
Je dois songer à mon départ.
Le Bal n'est pas ma seule affaire.
Ah ! bon, voicy Frontin par un heureux hazard.

SCENE SEPTIE'ME.

FRONTIN. LE CHEVALIER.

LE CHEVALIER.

Ton adresse m'est necessaire,
Mon cher Frontin. Va vîte de ma part
Persuader la Mere de Julie
De faire commencer le Bal :
Dy luy bien que je l'en supplie,
Que par un ordre exprès, chez notre General
Je dois incessamment me rendre ;
Que je crains de trop faire attendre,
Après revien icy, j'auray besoin de toy.

Mais à propos, Frontin, dy moy.
Dans les occasions où mon devoir m'engage,
D'un homme de ton art je puis avoir besoin,
Pour mes gens ou pour moy. Te sens-tu le courage,
Quand je suis au combat, de n'en être pas loin ?

FRONTIN.

A moy Gascon, Seigneur ? ce doute est un outrage,
Gascogne, Languedoc, Provence, Dauphiné,
Sous ces heureux climats tout homme est brave né ;
Tout l'Adiousias merite cet éloge,
Peuple à la gloire destiné,
Ne craignez pas que Frontin y déroge,
Je brûle de vous le prouver.

LE CHEVALIER.

Je ne veux offenser personne,
Pardon, brave Frontin.   FRONTIN.
                    Soit, je vous le pardonne.

LE CHEVALIER.

Execute mon ordre, & vien me retrouver.

TROISIE'ME ACTE.

SCENE PREMIERE.

JULIE. LUCETTE.

LUCETTE.

HEbien ? voila Monfort reſſuſcité, Madame,
De plus, du Chevalier devenu Lieutenant,
Et par deſſus, il ſçait le ſecret de votre ame ;
Il m'eſt permis, je croy, d'en parler maintenant ?

Depuis ce changement je vous trouve plus belle,
Vous avez certain air doux, riant, gracieux,
Une pointe d'amour dans vos yeux étincelle.
    Votre viſage, en un mot, vous ſied mieux.
Pour plaire il n'eſt rien tel qu'un air un peu joyeux.

    Rendez-en grace à votre mere,
Depuis que par ſes ſoins il a ſçu votre ardeur,
Ne vous ſentez-vous pas de moitié plus legere,
    Ce ſecret-là peſe bien ſur le cœur.

JULIE.

Tu ne te trompes point, plus d'un plaiſir me flatte,
Senſible à mon devoir, ſans offenſer ſa loy,
Mes regrets à Monfort ont aſſuré ma foy ;
Je n'ay plus le chagrin de luy paroître ingratte,
    Et c'eſt déja beaucoup pour moy.

    Par là, me trouvant engagée
A chercher les moyens de calmer ſon amour,
    Il m'eſt venu dans l'eſprit en ce jour
Un deſſein dont je ſens mon ame ſoulagée.

Puisque je dois aimer, n'aimons point à moitié.

Le Chevalier me marque une tendre amitié ;
Je veux, de notre amour luy faire confidence,
Et je fonde sur luy ma plus sûre esperance ;
Bon amy de Monfort, il en aura pitié,

C'est ce que dans le Bal aujourd'huy je vais faire.
          Je compte fort sur son appuy,
          Il a tout pouvoir sur mon Pere,
          Sa fortune dépend de luy ;
Voilà ce qui me rend plus contente aujourd'huy.

LUCETTE.

Bon ! merveilleux conseil ! je ne sçaurois m'en taire,
L'amour vous embellit, mais de plus vous éclaire,
Et vous mettez par là votre affaire en bon train.
Votre Pere à Bayard doit craindre de déplaire,
Vous l'avez dit, il tient tous ses biens dans sa main :
Vous avez oublié qu'il est un peu vilain.
Contre le Favory Monfort, plus de colere,
          Son amitié luy devient necessaire ;
          Votre hymen est plus que certain.

JULIE.

On connoît de Bayard la vertu sans seconde,
La parfaite candeur, la sagesse profonde ;
Et quand nos interêts seront entre les mains
          Du plus honnête homme du monde,
          Puis-je douter qu'il ne réponde
Aux desirs de deux cœurs l'un de l'autre certains,
          Luy, le plus juste des humains ?

Enfin, dois-je rougir en avouant ma flamme ?
          Ah ! si l'on doit aimer un jour,
Quel plus digne penchant peut naitre dans mon ame ;
          Comment mieux placer mon amour.

LUCETTE.

Monfort eſt comme luy, bon, vaillant, équitable,
Et mettant même à part ſes ſolides vertus
On trouve en luy quelque choſe de plus
Qui le rend un homme adorable.
Peut-on faire un plus heureux choix ?
Il reçut le jour d'un François ;
Il en herita les manieres ;
Ayant avec cela le cœur Italien,
Pour eſtre amant parfait il ne luy manque rien ;
Car les deux qualitez en amour les premieres,
Sont de plaire, d'abord, enſuite d'aimer bien.

JULIE.

Ah ! je vois trop en luy ce qui ſçait plaire.
Revenons au deſſein que je forme aujourd'huy
D'intereſſer le Chevalier pour luy.

Mon embarras eſt que ma Mere
Ne me quitte que rarement,
Je crains de n'avoir pas tout le temps neceſſaire
Pour le bien informer de notre engagement.

LUCETTE.

Vous l'aurez, j'en fais mon affaire ;
S'il ne s'agit que d'inventer
Quelque moyen de l'écarter,
Cela ne m'embaraſſe guere,
C'eſt ſurquoy vous pouvez compter.

SCENE DEUXIE'ME.

LA SIGNORA MARC. JULIE. LUCETTE.

LA SIGNORA MARC.

MA chere enfant, je meurs d'impatience,

Bayard ne paroît point, qui peut le retenir ?
On murmure la haut, déja la nuit s'avance.
            N'eſt-il pas temps qu'un Bal commence ?
L'auroit-il oublié ? quand y veut-il venir ?
            Quand il ſera temps de finir ?
Quelle lenteur, ou quelle negligence !
Ah Ciel ! Mais vous, pourquoy vous écarter du Bal?

JULIE.

Ah ! Madame, j'en ſors pour eſtre délivrée
D'un homme qui m'y cauſe un changrin ſans égal,
            Du Podeſtat, qui toute la ſoirée
De ſa mauvaiſe humeur m'a donné le regal.

LA SIGNORA MARC à *Lucette*.

Et toy?

LUCETTE.

Moy j'ay ſuivie Julie
Pour enrager de compagnie.

LA SIGNORA MARC.

Il en eſt ſorty, par bonheur,
L'air triſte, renfrogné, grondeur ;
Ne craignez pas qu'il y revienne,
Remettez-vous de belle humeur,
Ne vous reglez pas ſur la mienne,

LUCETTE.

Madame, voulez-vous nous voir des airs contents ?
Ayez-le donc auſſi.

LA SIGNORA MARC.

Bon ! n'y prenez pas garde,
Ce n'eſt pas vous que mon chagrin regarde,
Je gronde pour tuer le temps,
Je m'occupe de ma colere.

C'a ma fille, parlons librement entre nous.
            Le Chevalier auprès de vous
N'a-t'il jamais marqué quelque deſſein de plaire ?

★ C iiij

JULIE.

Je l'y vois en tout temps affable, gracieux,
Plein d'obligeants égards, de soins officieux,
Une tendre amitié pour moy s'y fait connêtre;
  Mais, Madame, jusqu'à ce jour
  Il n'a rien encor fait parêtre
  Que l'on puisse juger amour.

LUCETTE.

Madame, tout cela pourroit fort bien en être,
  En elle tout est fait au tour,
  Et capable d'en faire naître.
Mais comment s'éclaircir pleinement sur ce point?
  Dès que vous ne la quittez point?

A l'âge de Bayard on cache sa foiblesse,
On rougit d'être amant, on sent presque à regret
  Une trop tardive tendresse.
Permettez entre eux deux quelque entretien secret,
  Loin des témoins la honte cesse.

LA SIGNORA MARC.

Il nous est important d'acquerir sa faveur;
  Que ce seroit un grand bonheur
  Pour moy, pour toute la famille,
  Si vous pouviez, ma chere fille,
A ce digne Heros inspirer quelque ardeur!

LUCETTE.

  Madame, je vous réponds d'elle,
Elle a l'air aujourd'huy tout-à-fait gracieux,
  Elle doit enchanter ses yeux;
  Je ne la vis jamais si belle.
  Pour faire éclore les amours
  Le Bal est un puissant secours:
  Ordonnez-luy que dans la fête,
  Dès qu'il sera venu ce soir
  Elle aille auprès de luy s'asseoir.

Avec son air insinuant, honnête,
Soutenu de tous ses appas,
Pourvu qu'on ne les trouble pas;
Je garantis au bout du tête à tête
Le Chevalier pris dans ses lacqs.

LA SIGNORA MARC.

Tout de bon? le croy-tu, Lucette?

LUCETTE.

Si je le crois? on ne peut pas plus fort;
Je suis sure de sa défaite,
Il rendra les armes d'abord.

bas à Julie.

C'est un temps que je vous ménage
Pour parler à Bayard de l'amour de Monfort,

haut

Profitez-en. Allons courage,
Animez-vous un peu.

LA SIGNORA MARC.

Qu'est-ce que tu luy dis?

LUCETTE.

Je l'exhorte, je l'enhardis.
On est si timide à son âge;
Laissez-moy l'instruire un moment.
Belle Julie, allons, assaisonnez vos charmes
D'un peu d'agréable enjoûment,
Mettez vos appas sous les armes,
Ne tremblez point, Bayard est battu surement.

LA SIGNORA MARC.

Oüy, là, point d'air timide, agissez librement.

JULIE.

Je sçay trop que cette conquête
Surpasse le pouvoir de mes foibles attraits,
Mais pour répondre à vos souhaits
A la tenter, Madame, je suis prête,
Vous l'ordonnez, rien ne m'arrête,

*

Je dois entrer dans tous vos interets.
LA SIGNORA MARC.
Vous y réuſſirez. Cette heureuſe eſperance
Redouble mon impatience ;
Je brûle de revoir icy le Chevalier.
L'occaſion du Bal me patoît d'importance,
Pour ne la perdre pas, ſur l'heure un Eſtafier
Va chez le General de ma part le prier
De nous rendre au plûtôt en ce lieu ſa preſence.

SCENE TROISIE'ME.

JULIE. LUCETTE.

LUCETTE.

HEbien, vous le voyez, mes ſoins ont réuſſi,
Vous allez à Bayard parler tout à votre aiſe,
Mais ſçavez-vous, par parentheſe,
Le profit que j'attends en vous ſervant ainſi ?
C'eſt qu'un jour comme vous je deviendray Franceſe.
JULIE.
Comment donc cela ?
LUCETTE.
Le voicy.
En France, après la paix, Monſort ſuivra ſon Maître,
Devenu votre époux vous l'y ſuivrez auſſi,
Et vous m'enmenerez, peut-être,
Auriez-vous bien le cœur de me laiſſer icy ?
JULIE.
Pour peu que ce plaiſir te flatte,
Ouy, Lucette, je te promets
De ne t'abandonner jamais ;
Croy que je ne ſuis point ingratte.
LUCETTE.
Viennent donc au plûtôt votre hymen & la Paix,

Que je vais de bon cœur me livrer à la danse !
Les plus charmants plaisirs vont combler nos souhaits,
        Puisque nous allons vivre en France ,
        Ce n'est que là qu'ils sont parfaits.

JULIE.

Lucette guery toy de cette erreur extréme ,
        Et croy qu'auprès de ce qu'on aime
        En tous lieux on se trouve bien.

LUCETTE.

Madame , comment donc , vivre en France n'est rien ?

JULIE.

Mais , quel est donc , dy moy, la raison qui t'engage
A souhaiter si fort d'aller vivre à Paris ?

LUCETTE.

C'est qu'à bien moins de frais à Paris on est sage ,
Et qu'ici la vertu s'achete à trop haut prix ;
        Aucun plaisir ne nous en dédommage ;
Rien n'aide à resister à la tentation ,
Diversité d'objets en France nous soulage ,
        Et fait bien moins d'impression.

Pour voir d'une Beauté l'ame déterminée
        Aux tendres desirs d'un amant ,
        En Italie , il ne faut qu'un moment ,
En France , quelquefois , il faut plus d'une année.

JULIE.

Garde que ton amant n'entende ces discours ,
Ils luy feroient penser que chez toy la sagesse
        A besoin de quelque secours.

LUCETTE.

Il apprendroit du moins que contre les amours
Trop de précaution en tout pays nous blesse.

De plus , pour des plaisirs , à Paris il en pleut ,
        Et l'on a le bonheur suprême
        De garder son honneur soy-même ,

*

Et d'être sage tant qu'on veut.
JULIE.
Comment donc ? tu me sembles croire
Que de ne l'être pas en France il soit permis.
LUCETTE.
Non, mais quand on l'est à Paris,
A sa propre vertu le sexe en doit la gloire,
Non aux soins inquiets qu'en prennent les maris.

Croyez-vous fort aisé de l'être en ce Pays?
Où par leurs maximes jalouses,
En femelles de vrais hiboux
Les maris tiennent leurs épouses
Toujours recluses dans des trous?
Elles n'ont de plaisir en ce pays barbare
Qu'elles puissent compter certain,
Que d'entendre un Epoux le soir & le matin
S'extasier au son de sa guittare,
Improvisant quelques chanson bizarre,
Chantant & raclant par refrain
Plin plin plin, plintinplin, prtinplin plintin plin ;
Ah le beau plaisir ! qu'il est rare !
JULIE.
Traite plus favorablement
Les gens de la chere Patrie,
On aime icy long-temps & tendrement,
Et très-souvent toute la vie.
LUCETTE.
Quelquefois tant qu'on s'en ennuye,
Le voicy qui vient, votre amant.

SCENE QUATRIE'ME.

MONFORT. JULIE. LUCETTE.

MONFORT.

PArtagez le plaifir d'un efpoir qui m'enchante,
Tantôt, belle Julie, à la pointe du jour
Une occafion éclatante
Pourra favorifer ma gloire & mon amour.

LUCETTE.

Bon ! Madame, heureufe nouvelle,
Aujourd'huy tous les biens vous viennent à la fois;

MONFORT.

J'apprends d'un Efpion, mais d'un des plus adroits,
Et plein pour moy d'un véritable zele,
Qu'un très riche convoy paffoit aux Ennemis,
Par un canton de ce Païs.
La nuit claire & propice à cet exploit m'appelle,
L'endroit n'eft pas fort loin d'icy ;
Je me fuis fur le fait pleinement éclaircy.
Je fçay la route qu'il doit prendre.
Le temps auquel on doit l'attendre ;
Jamais fuccès ne fut plus fûr que celuy-cy.

Le Roy, de temps en temps par un trait de prudence,
Pour animer aux belles actions,
Veut bien ceder fes droits en ces occafions ;
La gloire & le profit en font la récompenfe.
L'une & l'autre aujourd'huy flattent mon efperance,
Si j'obtiens les gens qu'il me faut.

Le Chevalier eft-il la-haut ?

JULIE.

Nous l'attendons encor avec impatience.

MONFORT.

Je ne puis luy parler trop tôt,
Et je vais le chercher par tout en diligence.
Adieu. Pour vous quitter je me fais violence,
Il le faut, il eſt déja tard.

JULIE.

Reſtez pour un moment, cela m'eſt d'importance,
J'ay beſoin d'un conſeil avant votre départ.
Ce conſeil comme vous me preſſe,
Je veux pendant le Bal en ſecret à Bayard
Faire aveu de notre tendreſſe ;
Il eſt trop votre amy pour n'y pas prendre part.
Vous me tiendrez compte ſans doute
De ce qu'un pareil aveu coûte.

MONFORT.

Près du ſage Bayard doit-il vous allarmer ?

JULIE.

Quand il ſçaüra que je vous aime,
Je ne crains pas qu'il veuille m'en blâmer,
Il en jugera par luy-même.

MONFORT.

Par cet aveu vous allez le charmer ;
Tantôt de votre nom il vouloit s'informer,
Tout prêt à m'avoüer celuy de ſa Maîtreſſe ;
Pour vous en ma faveur ſon ame s'intereſſe,
Il eſt impatient déja de vous aimer.
Mais je n'ay pas le temps de reſter davantage.

JULIE.

Partez, allez Monfort vous reviendrez vainqueur,
Votre amour & votre valeur
M'en donnent l'aſſuré préſage.

SCENE CINQUIE'ME.

JULIE. LUCETTE.

LUCETTE.

S'Aller battre la nuit ! quoy vous ne tremblez pas ?
Quel cœur avez vous donc, Madame ?

JULIE.

Quand il court à la gloire, il redouble ma flamme ;
Croy que loin d'allarmer mon ame
Je voudrois y fuivre fes pas.

Il voit que pour toucher mon Pere
Mille vertus ne luy fervent de rien,
Il va rifquer fes jours pour augmenter fon bien ;
Puifque le bien feul peut luy plaire,
Et le Ciel à fes vœux répondra, je l'efpere.

Animé par l'amour, il va fervir fon Roy,
Au foin de fon devoir, à celuy de fa gloire ;
Il joint l'empreffement de meriter ma foy :
Quel raviffant plaifir ! & quel honneur pour moy
De concourir à fa victoire !

LUCETTE.

Madame, dans la Cour j'entends faire grand bruit,
Bayard eft arrivé felon toute apparence,
Et vous aurez toute la nuit
Pour implorer fon affiftance.
D'autre côté, Monfort va revenir vainqueur,
Nous l'allons voir dans l'opulence,
Quel efpoir enchante mon cœur !
C'en eft fait, je me compte en France.

SCENE SIXIE'ME

FRONTIN *armé de toutes pieces.* JULIE, LUCETTE.

FRONTIN.

Cadedis pour le coup ils n'échaperont pas,
　　　Nous les tenons, ces bienheureux ducats.
Trente mille ma foy, la somme est bien complette,
　　　Par le Seigneur Bayard & moy
　　　L'escorte ennemie est défaite,
Et nous venons nous deux de gober le convoy.
　　　LUCETTE *avec un grand cry.*
Ah le coup est cruel !

JULIE.

　　　Ecoutons tout, tay toy.

LUCETTE.

　Le puis-je ô Ciel ! j'ay l'ame à la torture.

JULIE *à Frontin.*

　　Je ne te sçavois pas guerrier
Frontin, depuis quand donc te voit-on en armure.

FRONTIN.

J'exerce avec honneur plus d'un noble métier,
Madame, tour à tour Chirurgien Barbier,
　　Ou Conquerant, selon la conjoncture.

JULIE.

Veux tu bien me conter ta derniere avanture.

FRONTIN.

　　Ouy-da, sans me faire prier,
　　En voicy la verité pure.

Trente mille ducats depuis long-temps promis
　　Au General des Ennemis,
　（Dont il avoit grand besoin je vous jure）
　Devoient passer par ce païs.

Pour

Pour s'en assurer la capture,
Et pour en hâter le départ
Qu'a fait mon compagnon Bayard ?
Depuis deux jours il a fait repandre par la ville
Qu'il donnoit le Bal aujourd'hui,
A son dessein ce Bal étoit utile.

L'ennemy ne craignant d'obstacle que de lui
De ce côté devenu plus tranquille,
Le croyant pour la nuit arrêté dans le Bal,
A prévenu le tems, & montant à cheval,
Dez ce soir est passé fort près de l'embuscade,
Où nous l'attendions en repos.

Là sur une belle esplanade,
Qui pour escadronner s'est trouvée à propos,
Nous lui sommes tombez à dos.

Quand au combat où la valeur décide,
Je m'en suis raporté sans peine au Chevalier ;
Mais moy que la prudence guide,
M'attachant d'abord au solide ;
J'ay fixé mes regards sur le cheval Mallier
Que conduisoit le Tresorier.

A mon terrible aspect, le conducteur timide
S'est mis à fuir plus vîte que le pas ;
Mais saisissant le Mallier par la bride,
D'un coup de taille avec mon coutelas
Pour arrêter sa course trop rapide
Je lui casse le tibias,
Crac, & voilà le Mallier bas.

Or le but de cette victoire
Etant d'arrêter les ducats ;
Je croy que l'on m'en doit le profit & la gloire ;
C'est de quoy vous ne doutez pas :
Et je retiens déja ma place dans l'histoire.

JULIE *froidement.*

Frontin, fur ta valeur je te fais compliment.
    Mais laiffe-moy feule de grace,
    Je fors du Bal en ce moment,
Et du bruit qu'on y fait je fens ma tête laffe,
    Je cherche icy quelque foulagement,
J'y viens m'entretenir avec moy feulement.
Toute autre compagnie à prefent m'embaraffe.
Adieu tu le veux bien ; nous vivons librement. *

FRONTIN.

Madame, trop d'honneur, & je quitte la place.

Bas à parte.

    On ne peut pas dire plus poliment,
    Tu m'importunes, je te chaffe.

    Oüais ! que veut donc dire cecy ?
Lucette, on me reçoit bien froidement icy.
    On prend peu de part à ma gloire,
Je fuis fort étonné que l'on me traite ainfi.

LUCETTE *d'un ton de colere.*

Décampe, fi tu m'en veux croire.

FRONTIN.

Comment donc & toy-même auffi ?

LUCETTE. *à parte.*

    Adieu ma plus chere efperance,
Combat fatal ! malheureux contretems
    Déja je me croyois en France,
    Tu m'en éloignes pour longtems.

à Frontin reprenant fa colere.

    Trifte oyfeau de funefte augure,
    Qui viens m'annoncer mon malheur,
Fuy loin de moy, te dis-je, évite ma fureur.
Mes yeux font offenfez de ta noire figure,
    Je ne te vois qu'avec horreur.

FRONTIN.

Belle réception au retour d'un vainqueur,

____

* Icy Julie fait un tour au fond du Théatre.

Je vais au Chevalier me plaindre de l'injure,
Il m'a vû bravement soûtenir sa valeur,
Et contre tes mépris ce témoin me rassure ;
On verra malgré toy mon nom avec honneur
Accompagner le sien chez la race future.

SCENE SEPTIE'ME.

JULIE LUCETTE.

JULIE.

Lucette tu pouvois moderer ton transport,
Frontin n'est pas garant du malheur de Monfort,
Cache mieux ton chagrin : allons joindre ma Mere.

LUCETTE.

Restez ici, vôtre amant, je l'espere,
Pourra bientôt s'y faire voir ;
La nouvelle déja doit être repanduë,
Il l'aura sans doute entenduë,
Il y reviendra par devoir.

JULIE.

Le pourray-je assez tôt tirer du désespoir ?

LUCETTE.

Tout à l'heure, & j'en suis certaine,
Puisque déja je l'apperçoy.
Adieu, pour soulager sa peine
Vous n'avez pas besoin de moy.

SCENE HUITIE'ME.

MONFORT. JULIE.

MONFORT.

Je sçay tout. J'ay perdu l'occasion, Madame,
Jugez de l'état de mon ame.

JULIE.

Il faut s'en consoler, Monfort.
Quoy déja ce coup vous accable ?

MONFORT.

Ah Julie, est il supportable ?
En vain ma raison fait effort,
Non je ne la sens pas capable
De résister aux traits de mon perfide sort ;
Je vois je ne sçay quoy qui dans cette avanture
M'est du plus malheureux augure.

Un amy généreux, un zélé protecteur,
Qui plein pour moy d'une ardeur peu commune,
Prend soin d'élever ma fortune,
De ma perte lui-même est l'innocent auteur.

Un agréable espoir me flâte,
Avec vous ma joie en éclate :
Et quand je crois atteindre au but de mes souhaits,
Un cruel contretems comme un coup de tonnerre,
Me frappe, m'abat & m'attere,
M'en releverai-je jamais ?

JULIE.

Avez-vous par ce coup perdu vôtre courage ?
Vos vertus & votre valeur ?
Etes-vous moins sûr de mon cœur ?
N'a-t-il rien qui vous dédommage ?
Que ne connoissez-vous combien il est flâté
Des troubles dont je vois votre esprit agité ?
Au chagrin violent que ce coup vous inspire,
Je m'applaudis de connêtre en ce jour
Quel est l'excés de vôtre amour ;
Tout le mien, ne peut-il suffire
Pour vous consoler à son tour ?
Malgré ce contretems que le sort vous envoye,
Vous m'aimez, & je suis en paix :
Que ce charmant plaisir a de puissans attraits,
Il change la douleur en joye.

MONFORT.

J'entends chez vous le cœur parler ;

Que son eloquence me touche!
Que de tels sentimens dans une aimable bouche
Ont de force pour consoler!

JULIE.

Poursuivez mon dessein vous-même,
Allez demain au Seigneur Chevalier
Ouvrir vôtre cœur tout entier,
Vous sçavez combien il vous aime:
Il a sur mes parens un absolu pouvoir,
Je fonde sur lui mon espoir.

Bannissez vos regrets, que ma constante flame
Rende enfin le calme à vôtre ame,
Tous deux, sûrs de nos sentimens
Des obstacles divers plus de crainte importune;
Bravons tous les événemens,
Et triomphons de l'adverse fortune,
C'est le sort des parfaits amans.

ACTE QUATRIE'ME.
SCENE PREMIERE.

LE CHEVALIER. FRONTIN.
LE CHEVALIER.

HEbien ? mon Lieutenant étoit-il éveillé ?
FRONTIN.
Ouy, Seigneur, & même habillé,
Bientôt vous l'allez voir parêtre.
LE CHEVALIER.
Dy moy, Frontin, j'ay crû m'appercevoir
Qu'il étoit chagrin hier au soir,
Quel sujet auroit-il de l'être ?
FRONTIN.
Seigneur je vous le dirois bien,
Mais il faudroit qu'il n'en sçeût rien,
Car il m'en feroit un reproche.
C'est que cette nuit vous & moy
Venons de luy souffler le profit du convoy
Qu'il croyoit déja dans sa poche.
LE CHEVALIER.
Ah juste Ciel, & comme quoy ?
FRONTIN.
Il avoit reçu la nouvelle
Du convoy, de l'escorte, & du temps du départ,
Par malheur pour luy peu fidele,
Car on a cru qu'il partiroit plus tard.
Or n'imaginant pas le Bal un stratagême,
Vous y voyant embarrassé,
Il a cru, ne pouvant executer vous-même,
Que par luy Lieutenant vous seriez remplacé :
Et connoissant pour luy votre tendresse extrême,

Il vouloit dans le Bal tout bas vous demander
Votre ordre & du secours pour tenter l'entreprise,
Faveur que vous pouviez aisément accorder ;
Mais comme on a changé l'heure qu'on avoit prise,
Par vos soins vigilants cet avis mieux reçu
A renversé l'espoir qu'il avoit mal conçu.

LE CHEVALIER.

Si j'avois cru sa santé rétablie,
Hier au matin, quoy qu'il m'eût demandé,
Je l'aurois sans peine accordé ;
Il sçait que l'avancer est ma plus chere envie,
Il eût eté du moins de la partie ;
Pouvois-je être mieux secondé ?
Ah ! quel regret pour luy le reste de sa vie.

FRONTIN.

Il vient, Seigneur, je l'aperçoy.

LE CHEVALIER.

Je ne luy diray point que je le sçay de toy,
Ce seroit une perfidie.

SCENE DEUXIE'ME.

MONFORT. LE CHEVALIER. FRONTIN *au fond du* [*Theâtre.*

LE CHEVALIER.

MOn cher Monfort, je suis au desespoir
De ce que j'appris hier au soir.
Qui moy ? j'ay fait tort à ta gloire ?
A ta fortune ? A ton amour ?
Je cause ta perte en ce jour ?
O Ciel ! eh l'aurois-je pû croire ?
Non, il n'en sera rien, espere mieux de moy,
Pour te dédommager autant que je le doy
Du tort que t'a fait ma victoire ;
Si tu ne peux en partager la gloire,
Que le profit entier, du moins, en soit à toy.
C'est dequoy contenter un Pere trop avare.
Console-toy de l'erreur du départ.   ＊ Diiij

Souffre, mon cher, que par-là je repare
Le tort que t'a fait le hazard.
MONFORT.
Eh ! comment reconnoître une faveur si rare,
Seigneur ? & qui croira jamais
Que l'on ait pû porter aussi loin les bienfaits ?
LE CHEVALIER.
Puissent-ils t'acquerir l'objet de ta tendresse,
Et mettre ton cœur en repos.
Voicy Frontin fort à propos.
Je prétends sur le champ acquitter ma promesse.

Frontin, j'ordonne à l'Intendant
Que tout l'or du convoy soit envoyé sur l'heure
Chez le Seigneur Monfort, mon digne Lieutenant.
Conduy-le, tu sçais sa demeure,
Et qu'il te donne, à toy, cinq cent ducats
Pour avoir mis le Mallier bas.
FRONTIN.
Cinq cent ducats, Seigneur, puis-je assez rendre grace.
LE CHEVALIER.
Va, pars, obéï promptement,
Je te quitte du compliment.
FRONTIN.
Tant mieux, le compliment aussi-bien m'embarrasse.

SCENE TOISIE'ME.
LE CHEVALIER. MONFORT.
MONFORT.
AH ! Seigneur, je rougis d'avoir peu merité
Un tel excés de generosité.
LE CHEVALIER.
Puis-je mieux placer ma tendresse ?
Cent belles qualitez, ta vertu, ta candeur;
Ta rare modestie avec tant de valeur
En toy, Monfort, tout me plaît, m'interesse.

Je veux faire encor plus, & t'ouvrir tout mon cœur.
Je t'ay parlé tantôt de ma secrete ardeur,
        Apprend le nom de ma belle Maitresse.
MONFORT.
Vous êtes donc bien sûr du succès de vos feux,
Puisque vous m'honorez de cette confidence.
LE CHEVALIER.
        J'y vois, du moins, une heureuse apparence,
L'adorable Julie est l'objet de mes vœux,
Et de doux préjugez fondent mon esperance.
        Hébien? que dis-tu de mon choix?
MONFORT *d'une voix tremblante.*
J'y reconnois, Seigneur, toute votre sagesse.
LE CHEVALIER.
Qu'as-tu donc? tu palis, j'entends trembler ta voix.
        Pardon, j'ay tort, je le confesse,
Je t'auray de chez toy fait sortir trop matin,
        C'est un reste de ta foiblesse,
        Et j'en devois croire Frontin.
MONFORT.
        Ce n'est rien, Seigneur, elle cesse.
LE CHEVALIER.
J'étois impatient de m'excuser à toy
        Sur cette affaire du convoy;
        Ma faute vient de l'excès de mon zele.
MONFORT.
Trop de bonté. Mais non, ce n'est rien, croyez-moy,
        Et revenons de grace à votre Belle.
LE CHEVALIER.
Eh! le moyen qu'un cœur se deffende auprès d'elle?

        Outre sa parfaite beauté
        Juge combien je suis flatté
        De l'excès de son tendre zele.

Comme on croyoit d'abord ma blessure mortelle,
Mille soins obligeants & pleins d'activité,

                        *

Son chagrin, ses frayeurs, sa tristesse éternelle;
Une douleur & vive & naturelle
Attacherent mon ame à sa seule bonté,
D'elle & de son aimable Mere
J'étois deux ou trois fois chaque jour visité.
Sa joye enfin pleine & sincere
Au doux retour de ma santé,
De mon heureux espoir fondent la sureté.

Fille, d'ailleurs d'une ame au dessus du vulgaire;
De nos combats avec avidité
Ecoutant le recit, me forçant à le faire….
Ah! Monfort j'en suis enchanté,
Et je vais de ce pas la demander au Pere.
MONFORT.
Elle a donc bien reçu l'offre de votre foy?
LE CHEVALIER.
Non, de l'exacte bienséance
Je veux en tout suivre la loy.
Je sçais à ses parents les égards que je doy,
Pour luy parler d'amour, j'en attends la licence:
Et malgré les bontez qu'elle marque pour moy,
Jusqu'icy sur mes feux j'ay gardé le silence.
MONFORT.
D'un si discret amour je prévoy le succès.
Eh! qui pourroit vous refuser Julie?
LE CHEVALIER.
Ce seroit m'arracher la vie,
Je sens que je l'aime à l'excès.

Si je puis l'obtenir du Pere,
Et si sa main sans peine est prête à s'accorder,
Qu'ay-je de plus au Ciel à demander;
Sinon, qu'à tes desirs, comme enfin je l'espere,
Tout puisse bientôt succeder.

Juge des transports de mon ame
Quand chacun de nous deux enchanté de son choix

Par mes soins, & tout à la fois
Obtiendra son aimable femme.

MONFORT.

Le plaisir sera grand, Seigneur, je le conçois.

LE CHEVALIER.

Je vais donc m'employer avec un zele extrême
A me procurer ce bonheur.
Cours au plutôt hâter le tien de même,
Je t'en conjure icy de tout mon cœur.

SCENE QUATRIE'ME.

MONFORT *seul.*

QUel astre malheureux à mon destin préside!
Le sort qui m'elevoit au comble du bonheur,
Du mouvement le plus rapide
Me fait tomber dans un gouffre d'horreur.

O fortune à la fois cruelle & favorable,
N'épuisay-je aujourd'huy tes plus cheres faveurs,
Que pour mieux sentir les rigueurs
Du destin le plus déplorable?
L'amour même a besoin pour soulager mon sort
De l'apparence de ma mort;
Ah! que n'étoit-ce une mort véritable.

Vien par pitié finir mes tristes jours,
O mort, je cede au malheur qui m'accable,
De mes cruels chagrins vien-terminer le cours,
Ce n'est plus que de toy que j'attens du secours.

Que faut-il que mon cœur decide?
Seray-je amant ingrat, seray-je ami perfide?
Dois-je éteindre, ou cacher mes feux,
Ma raison n'a rien qui me guide,
Je voy de tous côtez un avenir affreux.

Mon sort m'afflige moins encor qu'il ne m'étonne,
Malgré son extrême rigueur.

C'est de l'excès de mon bonheur
Que naît le desespoir où mon cœur s'abandonne.
Que je suis digne de pitié,
L'amitié me ravit les biens qu'amour me donne,
Et l'amour dans mon ame à son tour empoisonne
Les genereux bienfaits de la tendre amitié.

SCENE CINQUIE'ME.

JULIE. MONFORT.

JULIE pleine d'une joie éclatante.

JE vous cherche, Monfort pour partager la joye
Des nouvelles faveurs que le ciel vous envoye,
Frontin vient de m'en faire part.

Concevrez vous assez ce que ressent mon ame,
Quand je voy les bienfaits du genereux Bayard,
Favoriser si bien notre commune flamme.
Ouy, le riche present qu'il vous fait en ce jour
En hâtant notre hymen, redouble mon amour.
Son amitié le justifie,
Il ne l'accorde pas à tous
Et par le cas qu'il fait de vous,
On juge de celuy qu'en doit faire Julie.
Je crains que ce qu'il fait pour nous
Ne m'inspire à la fin un sentiment trop doux.
Oüy, je l'aime autant qu'il vous aime,
Autant que vous m'aimez vous-même,
Vous devez en être jaloux.

MONFORT.

Que ne puis-je augmenter pour luy votre tendresse !
Il en est le seul digne aujourd'huy.
Dans votre amour je m'interesse
Jusqu'à sacrifier le mien même pour luy.

JULIE.

Que parlez vous de sacrifice ?
Ce sentiment ici vient-il bien à propos ?

MONFORT.

Meritez-vous moins qu'un heros,
En vous cedant à luy, c'est vous rendre justice.

JULIE.

Le feriez-vous? sont-ce là vos souhaits?
Monfort, ma surprise est extréme.
Vous a-t'il témoigné qu'il m'aime?
Voulez-vous de mon cœur luy payer ses bienfaits?
Ce grand zele me blesse, & mon amour murmure
Vous entendant parler d'un ton si serieux.
D'où naît le noir chagrin qui regne dans vos yeux?
Tout me paroît en vous du plus funeste augure.
Vous poussez de secrets soupirs
Qui font naître en moy mille allarmes.

Déja je crois joüir d'un bonheur plein de charmes,
Tout favorise nos desirs,
Et vous me disposez à répandre des larmes,
Quand je viens avec vous partager vos plaisirs.

MONFORT.

Puis-je trop m'applaudir d'un reproche si tendre?
Non cessez de vous allarmer,
Bayard ne peut jamais assez vous estimer.
De ce juste tribut qui pourroit se deffendre?
Mais quand l'amour pour vous auroit pû l'enflammer,
Serois-je le premier à venir vous l'apprendre?
Non, mon cœur n'avoit nulle part
Aux soupirs que chez moy vous avez pû surprendre
Quand ils sont l'effet du hazard,
Quelles raisons en peut-on rendre.

JULIE.

Vous me les cachez vainement.
Non, je ne reçois point une si foible excuse,
Ce n'est point à l'air d'un amant
Qu'une tendre amante s'abuse.

MONFORT.

On vient, retirons-nous.   *

JULIE.

Je fuy par tout vos pas,
Non, je ne vous quitteray pas
Sans connêtre d'où naît votre melancolie,
Faites-vous donc si peu de cas
De r'assurer la tremblante Julie?

SCENE SIXIE'ME.

LE CHEVALIER. LE SEIGNEUR MARC.

LE SEIGNEUR MARC.

SEigneur, c'est beaucoup m'honorer
Que de vouloir être mon Gendre.
Osay-je à ce bonheur de ma vie aspirer?
Mais de fortes raisons m'empêchent d'y prétendre,
Que je crains de vous declarer.

LE CHEVALIER.

De toutes ces raisons je ne vous en sçais qu'une,
Que vous vous garderez en effet de citer;
Vôtre haine pour nous en ce pays commune,
Et qui vous a fait revolter.

LE SEIGNEUR MARC.

Nous, Seigneur, vous haïr? Eh! le pouvez-vous croire?
D'un heros tel que vous, la candeur, la bonté,
La solide & brillante gloire,
De notre aversion vous ont trop excepté,
Croyez qu'en ce Pays notre posterité
En benira sans cesse la memoire.

LE CHEVALIER.

De grace, épargnez-moy le trop doux compliment.

LE SEIGNEUR MARC.

Non, Seigneur, notre antipathie
Pour les Gens de votre Patrie
Ne vous regarde aucunement;
Car à vous l'avoüer icy confidemment,
Votre probité me convie.

LE CHEVALIER.

Eh ! pourquoy nous haïssez-vous ?
Nous, qui brûlons pour vous de zele,
Et qui vous recevons chez nous
D'une amitié sincere & fraternelle ?

Qu'en France un Etranger à tort
A quelqu'un de nos gens intente une querelle,
Du party du premier nous nous rangeons d'abord ;
C'est notre pente naturelle :
De toutes ses raisons nous demeurons d'accord ;
En vain le François en appelle.
De l'hospitalité nous sommes le modele.

LE SEIGNEUR MARC.

Oüy, vous estes polis, obligeants, genereux :
Tous ces procedez sont louables ;
Mais par d'autres penchants aux nôtres peu semblables
Vous devenez pour nous des hôtes dangereux.
Nous autres, nous aimons nos femmes à la rage ;
Par là nous vous craignons, car on dit qu'anjourd'huy
En France on suit un autre usage,
On aime mieux celles d'autruy.

LE CHEVALIER.

Comment donc ? Seigneur Marc, vous tirez sur les nôtres ?
Je crains fort que le trait ne retombe sur vous.
Ne peut-on les aimer sans en être jaloux ?
Par là nous les rendons plus sages que les vôtres.

Pour aimer bien, imitez-nous,
Soyez plus tranquilles époux.
Vos Argus surveillants, les prisons éternelles,
Ne sont point du tout de leurs goûts ;
Vos Danaez n'en sont pas plus fideles.

LE SEIGNEUR MARC.

Votre bon naturel vous fait plaider pour elles.

LE CHEVALIER.

Non, c'est leur triste sort qui doit faire pitié.
De quel droit osez-vous du monde
Retrancher durement la plus belle moitié ?

Votre injustice est sans seconde.
LE SEIGNEUR MARC.
Seigneur, tout vos conseils ne viendront pas about
De reformer sur ce point l'Italie ;
C'est pourquoy, revenons à l'hymen de Julie ;
Sur mes difficultez je vais vous dire tout.
Au Podestat sans dot je l'ay promise
Sous peine d'un dédit de six mille ducats,
Tirez-moy de cet embarras,
Et ma fille vous est acquise.
LE CHEVALIER.
Pouvez-vous immoler de si jeunes appas
Au plus jaloux Barbon qui soit en Lombardie ?
Ah ! c'est faire trop peu de cas
Du merite parfait d'une fille accomplie,
Et je dois par pitié l'arracher de ses bras.
LE SEIGNEUR MARC.
Mon fond est trop succint pour dotter ma famille,
L'honneur plus que les biens illustre ma maison ;
Et je ne puis donner gueres plus que ma Fille
Pour m'acquiter de ma rançon.
LE CHEVALIER.
Vain détour, inutile adresse,
Je sçay qu'elle est votre richesse.
Ce soin de la cacher sent son esprit Lombard,
Connoissez-vous si peu le Chevalier Bayard ?
Voit-on en luy quelque avare foiblesse ?
Non, Seigneur Marc, gardez votre or,
En esprit, en appas, en courage, en sagesse
Je trouve dans Julie un assez grand tresor.
LE SEIGNEUR MARC.
En ce cas je vous le repete,
Si vous me sauvez le dédit,
Comptez sur une affaire faite.
Là-dessus, Seigneur, j'ay tout dit.
LE CHEVALIER.
Très volontiers, & qu'à cela ne tienne,   Julie

Julie a trop de vertus & d'appas
Pour plaindre à l'acquerir les six mille ducats,
     Heureux qu'à ce prix je l'obrienne.
L'avarice, entre nous, vous fit faire un faux pas,
     Mais mon amour vous débarasse.
Adieu.

LE SEIGNEUR MARC.
Je vous en rends, Seigneur, très-humble grace.

SCENE SEPTIE'ME.

LE SEIGNEUR MARC *conduit le Chevalier au fond du Theâtre en le remerciant.* FRONTIN, *s'avance, dit à la dérobée les quatre Vers suivans, & sort.*

FRONTIN.
NOn morbleu, non, Frontin ne le souffrira pas,
Marc a tout dit, & moy je viens de tout entendre,
Sans débourser un liard, Bayard sera son Gendre,
Et je sçauray bientôt le tirer d'embarras.

SCENE HUITIE'ME.

LE SEIGNEUR MARC *revenu sur le devant du Theâtre.*
QUi? moy? du Chevalier je deviendray Beaupere,
Et par luy le dédit sera bientôt biffé;
     Oh parbleu je suis né coëffé:
A ce bonheur subit je ne m'attendois gueres.

L'amoureux Podestat sera bientôt icy,
     Nous y devons fixer ensemble
Le jour de son hymen. Mais par ma foy je tremble
Pour luy faire agréer tous ces changemens-cy;
     Par où diable m'y puis-je prendre?
     Car il est homme à s'aller pendre,
En voyant son espoir s'évanoüir ainsi.
     Ah! je suis perdu le voicy.

                                        * E

SCENE NEUVIE'ME.

LE PODESTAT. LE SEIGNEUR MARC,
LE PODESTAT.

C'A , ne differez plus le bonheur de ma vie ,
Seigneur Marc. Finissons, & qu'une bonne fois
        Je puisse m'assurer Julie ,
Et la tirer des mains de nos galands François.
J'ay souffert dans le Bal mille peines mortelles :
        Je n'y voyois que des rivaux.
        Ah ! les dangereux animaux !

Un François dans un Bal au milieu de nos Belles
        M'y paroît un jeune éprevier
        Introduit dans un colombier ;
Qui faisant le pigeon , se trimoussant des aîles
        Vient croquer nos jeunes femelles ,
        Et ne manque pas son gibier.
LE SEIGNEUR MARC.
Mais, Seigneur Podestat , il faut par bienséance
        Prendre le tems du Chevalier ,
        Et vous-même l'aller prier
De vouloir honorer l'hymen de sa presence.
LE PODESTAT.
        Mais, Seigneur Marc , y pensez-vous ?
        Tous ses François voudroient l'y suivre.
        Le beau conseil ! voulez-vous que je livre
Une oüaille innocente à la mercy des loups.

SCENE DIXIE'ME.

FRONTIN, *& les précédents.*
FRONTIN.

A H ! Seigneur Podestat , qu'elle affreuse tempête !
Quel deluge de maux vous menace en ce jour !
        Choisissez de perdre la tête ,
Ou de ceder bientôt l'objet de votre amour.

LE PODESTAT.
Qui moy ? renoncer à Julie ?

FRONTIN.

A Julie, & vous même.

LE PODESTAT.

                              Eh par quelle raison ?

FRONTIN.

C'est qu'autrement il faut perdre la vie,
Atteint & convaincu de haute trahison.

LE PODESTAT.

Qui peut m'en accuser ?

FRONTIN.

                              Le même Capitaine
Qui vous tira des mains de ses avanturiers
                    Arrivez chez vous les premiers,
Et qui vous epargna tant de perte & de peine.
                    Ce Capitaine est ami de Bayard ;
Il sçait que de Julie il veut faire sa femme,
                    Et qu'un dédit de votre part
Traverse son hymen & s'oppose à sa flamme.

LE PODESTAT.

Seigneur Marc, tout de bon, Bayard est son amant ?

LE SEIGNEUR MARC.

Helas ! luy-même, icy dans ce moment
M'en a donné la premiere nouvelle.

LE PODESTAT.

Mais par où sçait-il le dédit ?

FRONTIN.

Par cette vanité chez vous si naturelle ;
Sûr de vous être acquis une epouse si belle,
                    A qui ne l'avez-vous pas dit.
Au Seigneur Marc.
Votre epouse le sçait, un autre le tient d'elle.

LE PODESTAT.

Mais qu'ay-je fait, & quel est mon délict ?
Et par où cet amy peut-il causer ma perte ?

                              E ij

FRONTIN.

D'une fâcheuse d'écouverte,
En deux mots voicy le recit.

Quand nos François d'assaut entrerent dans la Ville;
Les uns coururent aux plaisirs;
Les autres chercherent l'utile,
Selon leurs differents desirs.

Votre logis, ayant un fumet d'homme riche,
Un de ces coquins-ci, très habile furet
Enfonça votre cabinet,
Esperant du thresor y découvrir la niche.
Le Capitaine arrive & le prend sur le fait.
L'aventurier aussi-tôt prend la fuite,
Et laisse vos papiers épars sur le parquet.
Ces papiers, par malheur examinez ensuite
Ont découvert votre secret.

LE PODESTAT.

Ah! je suis perdu, c'en est fait.

FRONTIN.

Chut, payez la rançon, cedez votre Maitresse,
On jette les papiers au feu;
Car autrement, vous n'avez pas beau jeu.

LE PODESTAT.

Mais, Seigneur Marc, cecy vous interesse;
Car c'est à vous à payer le dédit
En ne me livrant point Julie.
Pour ma rançon, du moins, il servira d'acquit.
Vous êtes mon complice, & cela me suffit
Pour vous faire perdre la vie,
Nous périrons de compagnie.

FRONTIN *étonné*.

Comment vous Seigneur Marc?

LE PODESTAT.

Luy-même. A communs frais
Nous fimes ensemble l'emplette

Pour armer nos Breſſans de deux mille mouſquets;
   Et s'il y cherche une deſſaite,
  J'en ay de bons témoins tous prêts.
   LE SEIGNEUR MARC.
 Ah! lâche amy, tu trahis nos ſecrets.
  FRONTIN *bas au Seigneur Marc.*
  N'en ayez point l'ame inquiete,
Il en ſera puny ſeul, je vous le promets.
    au Podeſtat.
Voici deux bons conſeils, ſuivez & l'un & l'autre;
Déchirez le dédit, payez bonne rançon :
   Par là vous obtiendrez pardon.
Le cas du Seigneur Marc eſt different du vôtre;
C'eſt l'argent ſeul qui peut vous ſauver aujourd'huy;
Mais Bayard amoureux s'intereſſe pour luy :
Ses affaires par là vont être rétablies ;
   Quand on a des filles jolies
   On ne manque jamais d'appuy.
   LE PODESTAT.
Ah! quelle cruauté! quelle ſcelerateſſe!
   Dans quel abîme de triſteſſe
Me plongent aujourd'huy les malheureux François!
Barbares pouvez-vous m'enlever à la fois
   Et mes ducats, & ma Maitreſſe !

SCENE ONZIE'ME.

FRONTIN *ſeul.*

MAlepeſte! voicy l'hymen bien dérangé.
   Je n'ay jamais cru que le Pere
  Dans le péril fût engagé.

   Je ſoupçonne icy du myſtere,
Et crois le Chevalier informé du complot.
Mais l'agréable hymen qui flatte ſon envie,
   Le contraint à n'en dire mot ;
   Et ce qui me le certifie,

C'est qu'il a par ses soins, m'a-t'il dit, obtenu
Pour le peuple Breslan une pleine amnistie :
Sans cela, le dessein luy seroit-il venu
　　　D'epouser la belle Julie,
　　　Fille d'un rebelle sujet ?
　　　Mais le pardon y remedie ;
　　　Il rendra le Beaupere net,
　　　Et la faute à jamais s'oublie :
L'esprit du Chevalier sur ce point satisfait,
Il peut avec honneur poursuivre son projet.

　　　Feignons, pour allarmer la Mere,
Qu'il ne sçait rien encor de leur complot secret.

De plus, sur l'amnistie ayons soin de nous taire ;
　　　Il est bon qu'on craigne Bayard ;
Car l'amour de Monfort à notre hymen contraire
　　　Par là, sera mis à l'écart.
Détruire cet obstacle est ma plus grande affaire ;
　　　J'y vais employer tout mon art.

DERNIER ACTE.

SCENE PREMIERE.

LA SIGNORA MARC. FRONTIN.

LA SIGNORA MARC.

FRontin je suis au desespoir
D'apprendre mon Mary coupable ;
Je ne le crus jamais capable
De commettre un crime si noir.
Au recit seulement de leur complot infame
Un horrible courroux s'empare de mon ame.

FRONTIN.

Jusqu'icy, par bonheur il n'a point fait d'éclat,
Le Chevalier même l'ignore,
Et je n'en sçaurois rien encore
Sans le perfide Podestat.
Il s'agit à present, pour écarter l'orage
De conclure le mariage ;
Par là je voy remede à tout.

LA SIGNORA MARC.

Mais que faire, dy moy, pour en venir about ?

FRONTIN.

Que faire ? ce qu'a fait le Podestat luy-même.
Comme son hôte est seul qui sçait la trahison,
Il s'est tiré de ce péril extrême
En payant de bon cœur une grosse rançon.
Allez au Chevalier aussi offrir la vôtre.

LA SIGNORA MARC.

Je me taxe au double de l'autre.

FRONTIN.

Après, il est aisé de faire des accords.
C'est bien moins l'interest que l'amour qui le presse :
Pour peu que votre Epoux agisse avec noblesse,

Et fasse pour la dot quelques legers efforts,
Du péril aujourd'huy je vous livre dehors;
Vous pouvez l'y forcer, vous êtes la Maitresse.

LA SIGNORA MARC.

Il fera pour la dot cent mauvaises façons.
    Je prétends marier ma fille,
Et ce doit être un droit de Mere de famille
    Que les marys se mêlent des garçons.

Je veux de luy, pendant que je suis en colere
Obtenir qu'aux accords il ne paroisse pas.
Tirer pour sa rançon douze mille ducats;
Ce sera de l'hymen un bon préliminaire.
Après, j'entameray la principale affaire;
J'ay par bonheur encor tout mon bien en contracts,
Dont j'ay voulu toujours être dépositaire.
    Toy va-t-en chercher le Notaire.
Pour peu que mon Epoux ou chicanne ou differe
    Haha! nous verrons beau fracas.

SCENE DEUXIE'ME.

FRONTIN *seul.*

LA bonne Dame a le succès en tête,
Et son avare époux aura peu de repos
    Qu'il n'ait accordé sa requête
En lâchant ses ducats, quels douloureux sanglots!

    Mais je voy nos amants parétre,
    J'ay pitié du pauvre Monfort,
Je travaille à regret à luy faire du tort.
    Mais quoy? je dois servir mon maître,
    Qu'il s'en prenne à son mauvais sort.

SCENE TROISIE'ME.

JULIE. MONFORT.

JULIE.

ENfin, Monfort, je sçay mon malheur & le vôtre,
    Vous me l'avez voulu cacher;

Puis-je aſſez vous le reprocher?
Devois-je l'apprendre d'un autre?
Ay-je donc un ſi foible cœur
Pour n'oſer m'annoncer un ſujet de triſteſſe?
Moy, qui vous raſſure ſans ceſſe,
Et de qui la conſtante ardeur
A ſi bien ſçu tantôt calmer votre douleur?
Vous voilà retombé dans ce chagrin extrême,
Et pourquoy vous tant allarmer?
Quoy dés que le Chevalier m'aime,
Dois-je ceſſer de vous aimer?

MONFORT.

Belle Julie, en vain de ce coup effroyable
Vous eſperez me conſoler;
Votre tendre pitié pour moy ſi ſecourable
Icy ne fait que redoubler
L'horrible chagrin qui m'accable.

Je vous perds. Ah! grand Dieu! puis-je aſſez le ſentir?
Quelque douleur encor que mon ame ait ſoufferte,
Vos ſoins compatiſſants ſçavoient la rallentir;
Mais je ſens à ce coup ſur moy s'appeſantir
Tout le courroux du ſort, il a conclu ma perte:
Non rien ne peut m'en garantir,
A l'affreux deſeſpoir laiſſez mon ame ouverte;
C'eſt un Arreſt du Ciel, il y faut conſentir.

JULIE.

Eh quoy, Monfort, depuis quand ſur votre ame
Aurois-je perdu mon pouvoir?
Si vous ſentez encor pour moy la même flamme,
Eſperez; mon amour vous en fait un devoir.

MONFORT.

Eh comment croyez-vous poſſible
Qu'à vos propres chagrins je devienne inſenſible?
Et que mon ame encor conſerve quelque eſpoir?
Quand je vous vois en butte à toute la colere
D'un Pere qui me hait, d'une inflexible Mere;

Et puis je ne la pas prévoir?
Voudront-ils preferer mon ardeur importune
A celle d'un Heros qui fait votre fortune,
Et tient la leur en son pouvoir?

Verra-t il, ce heros, son amitié trahie
Par la secrete persidie
D'un trop indigne amy qu'il a comblé de biens?
M'aura-t-il fourny les moyens
De luy ravir le bonheur de sa vie?
Et pourra-t-il laisser la noirceur impunie?

JULIE.

Ah! cruel vous m'abandonnez,
Vous avez pour Bayard une attache plus forte:
Mes jours que votre amour eut rendus fortunez,
A d'eternels chagrins vont estre condamnez;
C'en est fait, l'amitié l'emporte.

MONFORT.

Pourquoy m'accuser de la sorte?
Hebien, voyons, que feray-je? ordonnez.
Et qu'allez-vous faire vous-même,
Quand ce heros viendra declarer qu'il vous aime?
Quel moyen d'éviter cet aveu que je crains?
Pourrez-vous eluder l'authorité suprême
De vos parents ingrats, injustes, inhumains
Qui vous vont livrer dans ses mains?
Par quel secret, ou par quel stratagême
Renverserons-nous leurs desseins?

JULIE.

Je vous aime, il suffit, tout me devient facile,
Ce mot doit vous rendre tranquille
Contre mon cœur constant leurs efforts seront vains;
Mais moy, que d'une ardeur & si pure & si belle
Vous aimez depuis si long temps,
Dois-je vous accabler d'une douleur mortelle?
Et pour prix de vos feux sinceres & constants
Former avec un autre une chaîne éternelle?

Lieutenant de Bayard, cette charge nouvelle
Près de luy vous engage à faire votre cour :
    Seriez-vous donc le témoin chaque jour
    De notre flamme mutuelle ?
Verriez-vous dans ses bras votre amante infidelle
Répondre à ses soupirs, couronner son amour ?
Ah ciel ! pour un amant quelle image cruelle !

MONFORT.

    Jugez mieux pour luy de mon zele,
    Je feray mon bonheur du sien.
    Mais enfin, ma chere Julie,
    Puis-je oublier la distance infinie
Du merite parfait du Chevalier au mien ?
    Et dois-je, en n'aimant que moy-même,
    Vous priver du bonheur suprême
Que va vous procurer cet illustre lien.

JULIE.

    Dans le malheur qui nous obsede,
Monfort, ne perdons point de précieux moments ;
    Hâtons-nous d'y trouver remede,
    Et suspendons ces tendres sentiments.
La Signora Marc entre & écoute.
    Je vais d'une sage parente
Dans un azile saint implorer le secours,
Et là, bien sure en vous d'une flamme constante,
    D'une douce & paisible attente,
    De nos malheurs laisser passer le cours.
Votre illustre Rival plein d'ardeur pour la gloire,
    Bientôt abandonnant ces lieux,
Occupé par des soins plus grands, plus serieux,
De mes foibles appas bannira la memoire.
Adieu, Monfort. Bayard est trop homme d'honneur
    Apprenant ma fuite secrette,
    Pour oser dans cette retraite
    Venir declarer son ardeur ;
Il en doit augurer le refus de mon cœur.

*

SCENE QUATRIE'ME.

LA SIGNORA MARC. JULIE. MONFORT.

LA SIGNORA MARC.

Quittez ces vains projets, ma fille,
Vous ne connoiſſez pas encor tous vos malheurs.

à Monfort.

Monfort, il faut entrer dans mes juſtes douleurs,
Pour la ſeconde fois ſauvez notre famille,
Je vais vous confier le ſujet de mes pleurs.

Mon malheureux Epoux doit trembler pour ſa tête,
Dans la rebellion accuſé d'avoir part;
C'eſt un ſecret encor ignoré de Bayard.
Je puis par ſon hymen écarter la tempête.
Il nous preſſe de l'achever,
Votre amour y devient contraire,
Il faut vous en guerir, l'effort eſt néceſſaire,
Quand il s'agit de nous ſauver.

MONFORT.

Dans cet inſtant, moy-même icy, Madame;
Je parlois en faveur du Seigneur Chevalier;
Ne craignez plus rien de ma flamme,
Votre fille pourra ſans peine l'oublier.

à Julie.

Il faut ceder, belle Julie,
Le plus ſacré devoir vous en fait une loy.

JULIE.

Mon Pere eſt en danger! Ciel! quel eſt mon effroy;
Madame, c'en eſt fait, vous ſerez obéïe.

Monfort.

Monfort tu m'as donné ta foy,
Je te la rends, tu le veux, je le doy,
Dût l'effort me couter la vie.
Tu riſquas la tienne pour moy,
Peux-tu penſer que je l'oublie?
Dès cet inſtant fatal la mienne fut à toy;
En épouſant Bayard je te le ſacrifie.

Adieu, mon cher Monfort.
                    LA SIGNORA MARC.
                              Eloignez-vous, Seigneur,
Icy votre prefence irrite fa douleur.

SCENE CINQUIE'ME.
LA SIGNORA MARC. JULIE.
JULIE.

SOrt cruel, je brave ta rage:
  Rappellons enfin mon courage,
    Non, tu ne l'as pas abattu.
Ne craignez plus en moy de foibleffe, Madame,
Je vais au Chevalier livrer toute mon ame,
    C'eft un effort digne de ma vertu.
              LA SIGNORA MARC.
Je l'attendois de vous, ouy ma chere Julie,
      J'y reconnois votre grand cœur;
      Partagez l'immortel honneur
De l'illuftre Heros à qui l'hymen vous lie,
      Il va combler votre bonheur.

Mais le voicy qui vient, effuyez mieux vos larmes;
Il vous va faire icy les offres de fa foy.
              JULIE.
      Je reviens toute entiere à moy,
Allez, Madame, allez, & foyez fans allarmes.

SCENE SIXIE'ME.
LE CHEVALIER. JULIE.
LE CHEVALIER *d'un air riant.*

ON a beau me nommer le Chevalier fans peur,
      Je tremble, divine Julie,
      En venant vous offrir mon cœur;
      Il dément ce qu'on en publie.
      Ce titre me fait trop d'honneur.

Avant que de l'offrir, j'ay voulu fatisfaire
Au devoir d'obtenir l'aveu de votre Pere;

Il m'a flatté de l'espoir le plus doux :
Mais puis-je m'y livrer sans être temeraire ?
JULIE.
Je vous dois un aveu sincere,
Vous allez être mon Epoux,
Ouy, Seigneur, soyez sûr de plaire:
C'est plus encore pour moy qu'un Pere & qu'une Mere,
C'est Monfort qui me donne à vous.
C'est moins d'eux que de luy qu'à dépendu Julie,
Depuis que s'exposant aux plus funestes coups,
Pour luy sauver l'honneur il a risqué sa vie.
De luy, qui contre vous, Seigneur, a combattu,
Que l'on vit presque mort à vos pieds abbatu :
Pardonnez quelques pleurs à mon ame attendrie,
Son malheur le merite autant que sa vertu.
LE CHEVALIER.
Je vous dois à Monfort ? eh croyez-vous possible
Qu'à ce mouvement de pitié
Mon cœur en cet instant pour luy soit moins sensible ?
Monfort vous donne à moy ! quel excès d'amitié !

Plaignez son triste sort, pleurez sans vous contraindre,
Il est digne des pleurs que vous versez pour luy ;
Mais de nous trois, croyez, que peut-être aujourd'huy
C'est moy qui suis le plus à plaindre.

Eh ! depuis quand est né ce mutuel amour ?
JULIE.
Depuis que la raison tous les deux nous éclaire,
Et cependant jusqu'à ce jour
Nous nous en étions fait l'un & l'autre un mystere ;
Si mes yeux, malgré moy l'ont flatté du retour,
Ma bouche au moins a pris soin de se taire.
LE CHEVALIER.
C'étoit donc vous que d'avares tirans
Luy refusoient avec tant d'injustice ?
Dois-je leur pardonner leur infame avarice ?

JULIE.

Ah! Seigneur, ils sont mes parents,
Qu'en leur faveur mon amour vous fléchisse.

LE CHEVALIER.

Sur des sujets plus importants
Votre pere auroit lieu de craindre
Les plus severes châtiments ;
Mais malgré les raisons que l'on a de s'en plaindre,
Je ne changeray point pour vous mes sentiments.
Non, ne craignez point ma colere,
Ny rien de funeste pour luy :
En votre faveur au contraire
J'ay sçu le tirer aujourd'huy
D'une très dangereuse affaire.

JULIE.

Seigneur, croyez qu'en ce moment
Mon cœur plein de reconnoissance
Conçoit une ferme esperance
De vous aimer toujours aussi parfaitement
Que j'ay fait mon premier amant.

LE CHEVALIER.

Quoy vous auriez pour moy le même zele?
Pourrois-je me flatter d'un espoir si charmant ?

JULIE.

Helas, Seigneur, en vous aimant,
A son ordre du moins je reste encore fidele ;
Depuis qu'il m'en a fait la loy,
C'est en vous Monfort que je voy.

LE CHEVALIER.

Ah! je n'en puis douter, & mon ame est contente,
Votre sincerité m'enchante
Et me garantit de votre foy.

Pour combler mon bonheur extrême
Allez au Seigneur Marc le declarer vous-même,
Et par là le mieux preparer
A conclure sans differer.

SCENE SEPTIE'ME.

LE CHEVALIER *seul.*

QUe devient ma raison ? je presse de conclure :
Ay-je bien consulté mes secrets sentiments ?
Me trouvay-je l'ame assez dure
Pour vouloir separer deux si tendres amants ?
Mais quoy ? puis-je ceder Julie ?
Que deviendrois-je helas après un tel effort ?
Pourray-je aussi l'arracher à Monfort ?
Ah, grand Dieu, quelle barbarie !
A mon amy donneray-je la mort ?
De mon double chagrin quelle est la violence ;
Belle Julie, eh quoy dans ce choix je balance !
Devez-vous me le pardonner ?
Voyons Monfort. Pour me déterminer,
Je sens que j'ay besoin encor de sa presence.

SCENE HUITIE'ME.

LE CHEVALIER. UN ESTAFIER.

LE CHEVALIER.

HOla quelqu'un.

UN ESTAFIER.

Seigneur.

LE CHEVALIER.

Cours chez mon Lieutenant ;
Et dy luy de ma part qu'en ces lieux on l'attend
Pour une affaire d'importance.

UN ESTAFIER.

Je vous l'amene ici, Seigneur, dans un instant.

SCENE

SCENE NEUVIE'ME.
FRONTIN. LE CHEVALIER.
FRONTIN.

SEigneur votre affaire est finie,
Et la Regente en ce logis
A forcé son Epoux à suivre ses avis,
Malgré sa grande œconomie.
Mais vous paroissez inquiet,
Seigneur.

LE CHEVALIER

Laisse moy, je te prie,
Ouy, je le suis; j'en ay quelque sujet.

FRONTIN.

He mais, Fille jolie & sage,
D'une famille illustre, avec beaucoup de bien;
Par de là, je ne sçay plus rien.
Que vous faut-il donc davantage?

A propos, j'oubliois que quant à sa rançon
Marc la doit payer bonne, & sa crainte en est cause;
A venir vous l'offrir sa femme se dispose,
Attendez de ducats copieuse moisson,
N'allez pas à votre ordinaire
Faire icy trop le genereux
Ny refuser les presens de la Mere.

LE CHEVALIER.

Non, je veux tout recevoir d'eux
Et j'ay mes raisons pour le faire.

FRONTIN.

On vient, c'est elle justement,
Et vous allez, je croy, finir joyeusement.

F

SCENE DIXIE'ME.

LA SIGNORA MARC. JULIE. LUCETTE. LE
CHEVALIER. UN ESTAFIER *portant la rançon.*

LA SIGNORA MARC.

SEigneur, avant toute autre chose,
Il est bon de nous acquitter
Du tribut que la Loy du vainqueur nous impose;
De mes mains daignez l'accepter.
Douze mille ducats de ma propre cassette
Sont peu pour payer cette dette,
Faites nous la faveur de vous en contenter.

LE CHEVALIER.

Madame c'est m'offrir plus que je ne souhaite,
Je n'ay jamais compté que vous me dussiez rien;
Mais je m'attache à vous par ce premier lien,
Et c'est dequoy sur tout mon ame est satisfaite
Croyez que j'en useray bien.

LA SIGNORA MARC.

Et tout d'un temps, Seigneur, pour la dot de Julie
Je vous offre ces deux contracts,
Chacun de vingt mille ducats;
Je voudrois pouvoir mieux contenter mon envie.

LE CHEVALIER.

Madame, c'est vouloir m'accabler de bienfaits,
J'en rougis; puis-je helas m'en acquitter jamais?
Un si riche present passe mon esperance:
C'est faire en ma faveur un genereux effort;
Je le reçois, du moins, avec un doux transport
Qui doit vous assurer de ma reconnoissance.
Je brûle d'annoncer mon bonheur à Monfort.

SCENE DERNIERE.

Tous les Acteurs, hors le Pere.

LE CHEVALIER.

Vien prendre part à ma joie infinie,
Vien, cher Monfort, je triomphe en ce jour;
  J'obtiens la charmante Julie,
Il ne manque plus rien au bonheur de ma vie
  Que de te sçavoir à ton tour
  Aussi satisfait de l'amour.

MONFORT.

Seigneur, j'en suis guery par un effort extrême,
A la fin ma raison appellée au secours
  M'a fait triompher de moy-même,
  Et je renonce à l'hymen pour toujours.
  Par une juste obéïssance
La Belle que j'aimois fidele à son devoir,
D'un plus digne rival a couronné l'espoir :
  Quand ce n'est point par inconstance,
  Qu'ay-je à me plaindre ? un absolu pouvoir
  A renversé notre esperance ;
Ce qu'a voulu le Ciel, il faut bien le vouloir.

LE CHEVALIER.

  Puisque tu sors si content d'elle,
Ne me cache donc plus le nom de cette Belle.

MONFORT.

Comme c'est l'oubly seul qui peut me consoler,
De grace, accordez-moy de n'en jamais parler.

LE CHEVALIER.

  Mais qui pourra me consoler moy-même
D'avoir ainsi perdu les efforts que j'ay faits,
Pour te faire arriver à ce bonheur suprême,
Où depuis si long-temps aspirent tes souhaits ?

MONFORT.

L'amour qui des effets de votre bienveillance
  Etoit l'heureuse occasion,
Devenu dans mon cœur plus noble passion,
Le livre tout entier à la reconnoissance.
En pouviez vous attendre une autre récompense ?

LE CHEVALIER.

  A la fin tu me fais pitié,
  C'est trop contraindre un cœur qui dissimule,
  J'abuse de ton amitié,

Je la connois, Monfort, cette ardeur qui te brûle.
Cruel amy, pourquoy m'as-tu trop bien caché
        Un feu si beau, si pur, si legitime?
Mon amour sans espoir m'auroit bien moins touché,
Je n'en serois encor qu'à la parfaite estime:
Mais tel qu'il soit enfin, il devient ta victime;
Notre amitié l'emporte, & Julie est à toy,
        Te l'arracher seroit un crime,
Tu n'es pas tant d'un âge à te vaincre que moy,
        Reçoy ces Contracts de Madame,
Et de moy la rançon de ta digne moitié.
Ne crain plus de ma part une importune flamme,
        Il n'en reste rien dans mon ame,
Elle a rendu sa place entiere à l'amitié.

      MONFORT *se jettant aux pieds du Chevalier.*
Ah! Seigneur, c'en est trop, cette amitié m'accable,
Sous le poids des faveurs je ne puis resister.

      LE CHEVALIER.
La tienne par avance a sçu t'en acquitter;
Souffre au moins qu'à mon tour je puisse être équitable,
D'un bien qui t'est acquis voudrois-je profiter,
Quand au prix de ton sang tu l'as sçu meriter?

      LA SIGNORA MARC.
    Seigneur, ce changement m'étonne;
    Quoy? ceder Julie à Monfort,
    Elle qui vous charmoit si fort?
    Je n'ay jamais connu personne
    Capable d'un pareil effort.

      JULIE.
Non, Madame, l'effort ne doit point vous surprendre,
        C'est d'un grand cœur le plus genereux trait,
        La marque d'un Heros parfait;
Du Seigneur Chevalier on le pouvoit attendre,
        Et je l'esperois en effet.

Sa vertu sur l'amour remporte la victoire
        Que cette immortelle action
        Soit conservée à jamais dans l'histoire;
La France desormais peut prétendre à la gloire
        D'avoir aussi son Scipion.

        FIN.